U0624849

北疆文化研究系列

蒙古马精神研究

BEIJIANG WENHUA YANJIU XILIE
MENGGUMA JINGSHEN YANJIU

陈智 等 著

内蒙古人民出版社

图书在版编目（CIP）数据

蒙古马精神研究 / 陈智等著 . -- 呼和浩特：内蒙古
人民出版社 , 2024.6

（北疆文化研究系列）

ISBN 978-7-204-18096-7

Ⅰ.①蒙… Ⅱ.①陈… Ⅲ.①蒙古族－民族精神－
研究－中国 Ⅳ.① K281.2

中国国家版本馆 CIP 数据核字 (2024) 第 112146 号

蒙古马精神研究

作　　者	陈智 等	
责任编辑	王　静　孙红梅	
封面设计	刘那日苏	
出版发行	内蒙古人民出版社	
地　　址	呼和浩特市新城区中山东路 8 号波士名人国际 B 座五层	
网　　址	http://www.impph.cn	
印　　刷	内蒙古爱信达教育印务有限责任公司	
开　　本	710mm×1000mm　1/16	
印　　张	15.75	
字　　数	150 千	
版　　次	2024 年 6 月第一版	
印　　次	2024 年 6 月第一次印刷	
书　　号	ISBN 978-7-204-18096-7	
定　　价	38.00 元	

如出现印装质量问题，请与我社联系。

联系电话：（0471）3946120

前　言

2014 年 1 月，习近平总书记在考察内蒙古时首次提出了蒙古马精神，其后多次讲到蒙古马精神，并赋予这一精神以"吃苦耐劳、一往无前，不达目的绝不罢休"的时代内涵。2019 年 7 月，习近平总书记在内蒙古考察并指导开展"不忘初心、牢记使命"主题教育时再次强调："希望内蒙古的同志认真贯彻党中央要求，弘扬蒙古马精神，努力把各项工作做得更好。"2020 年 5 月，习近平总书记在参加十三届全国人大三次会议内蒙古代表团审议时，充分肯定了内蒙古一年来的工作，希望内蒙古的同志大力弘扬蒙古马精神，在新时代全面建设社会主义现代化国家征程上书写内蒙古发展新篇章。这既是习近平总书记对内蒙古各族人民长期以来形成的宝贵品质的充分肯定，更是对全区各族人民在党的领导下继续谱写新时代内蒙古发展新辉煌的深切勉励。

蒙古马精神传承了中华优秀传统文化，赓续了红色文化血脉，弘扬了社会主义先进文化，它不仅是北疆儿女的特质，展现了北疆儿女鲜明的精神追求、精神品格、精神力量；同时也是中国共产党和中华民族宝贵的精神财富，是伟大民族精神的组成部分，彰显了以爱国主义为核心的民族精神和以改革创新为核心的时代精神，对于铸牢中华民族共同体意识，筑牢我国北方重要生态安全屏障、祖国北疆安全稳定屏障，全方位建设模范自治区，"建设亮丽内蒙古、共圆伟大中国梦"具有重要的价值和意义。

蒙古马精神提出以来，学术界便对其展开了广泛而深入的研究，并取得了较为丰硕的研究成果。《激扬奋勇向前的精神力量——蒙古马精神的时代内涵与实践价值》《大力弘扬蒙古马精神》《传承和弘扬蒙古马精神的时代价值》等研究论文相继发表，《蒙古马精神——吃苦耐劳 一往无前》《内蒙古好故事——弘扬蒙古马精神先进人物事迹》《蒙古马精神》等研究著作相继出版。与此同时，内蒙古多次举办了规模较大、学术层次较高的理论研讨会，专题研讨蒙古马精神的重要问题，并成立了蒙古马精神研究基地，取得非常丰硕的研究成果。今年是习近平总书记提出蒙古马精神 10 周年，为在新的历史起点上继续推动蒙古马精神研究，打造"北疆文化"品牌，努力书写中华民族现代文明的内蒙古篇，我们编写了《蒙古马精神研究》一书，力求在前人研究的基础上有所创新，站在新时代马克思主义中国化的理论前沿，立足于"两个结合"，依托马克思主义理论学科优势，在梳理蒙古马精神孕育与发展历程的基础上，重点阐释蒙古马精神的科学内涵和本质特征，从科学定位历史价值的原点出发，紧紧着眼于时代价值，深度观照内蒙古大地上各民族交往交流交融的历史和现实，充分挖掘守望相助理念的丰富内涵，阐释蒙古马精神在新时代的伟大征程中应有的实践价值和实现途径，为中华民族精神谱系的传承、红色血脉的赓续提供新的支撑。我们坚信，融多元为一体、汇古今为一脉的新时代蒙古马精神，能让根植在北疆大地上的优秀文化活起来、火起来，为中华民族现代文明建设增添浓墨重彩的一笔。

陈智

2024 年 6 月

目 录
Contents

第二章　蒙古马精神的时代内涵

第三章　蒙古马精神的文化基因

第四章　蒙古马精神的历史担当

第五章　蒙古马精神的当代价值

第一章

蒙古马精神的孕育与发展

蒙古马精神，作为中华民族精神谱系的重要组成部分，是北疆文化和时代精神的生动体现。它孕育于北疆的广袤土地和深厚的传统文化之中，形成于新民主主义革命，社会主义革命、建设和改革的伟大时期，并在社会主义改革开放的新时代中得到进一步发展。蒙古马精神凝结了中华优秀传统文化、红色文化、社会主义先进文化的精华，具有鲜明的地方特色。

一、蒙古马精神的历史渊源

蒙古马作为北疆儿女生产生活、保家卫国的必不可少的亲密伙伴，其特质与北疆儿女的生活息息相关。在长期的历史发展过程中，蒙古马形成了逆境求生、忠义尽责、刚健自强的特质。流传至今的诸多佳话无不展现出蒙古马在中华民族发展过程中的正面形象。

（一）逆境而生：蒙古马的缘起与特征

马文化是北疆文化的重要组成部分，这是因为马在内蒙古地区曾经是不可或缺的生产资料。内蒙古各族人民由于特殊的生活环境，对马的依赖体现在各个方面。无论是在生产生活、外出、迁徙、护疆还是征战中，蒙古马都扮演着至关重要的角色。

蒙古马的祖先是蒙古野马，属于奇蹄目马科，是一种大型荒漠草原动物。各地生存的蒙古野马在形态上大致相同，其肩高大约为 1.4 米，头大颈短，蹄小，口阔而圆。背部的毛发呈浅棕褐色，腹部和腿部的毛色相对较浅，而蹄部、颈部鬃毛和尾巴则呈黑色，整体毛色较为单一。额部和颈部鬃毛短而直立，没有长鬃垂下。

蒙古野马被驯化为家畜已有数千年的历史。在蒙古地区出土的众多古墓中发现的大量马骨和马具，充分证明了青铜时代就存在养马的文化遗迹。众多调查和各种历史资料表明，蒙古野马至今仍然存在。根据《新疆风物志》的记载，化石研究表明，蒙古野马随着自然环境的变化，从森林动物演化为草原动物，体形也从狐狸般大小演变为如今的高大形态。由于长期在草原上奔驰，它的脚趾从五趾变为三趾，最终演化成现在的单趾。与世界上其他地区的野马，如欧洲野马、美洲野马等已经灭绝的情况相比，蒙古野马得益于特殊的地理环境而奇迹般地生存下来。调查资料表明，截至目前，蒙古国的巴彦洪戈尔省、科布多省以及我国的新疆阿勒泰地区、甘肃北部、内蒙古西部，仍有蒙古野马生存繁衍。这些地区大多拥有山麓、荒漠和草原地貌，加之人烟稀少，为野马提供了适宜的生存和繁衍环境。俄国探险家普热瓦尔斯基在 1878 年于我国新疆准噶尔盆地捕获了野马，并将其带回莫斯科进行研究和鉴定。经确认，这些野马属于蒙古马的祖先，因此被命名为"蒙古野马"，也被称为"普氏野马"。此后，德国人在 1890 年左右在蒙古国西南部及我国新疆捕获了野马并进行了展览。20 世纪 50—70 年代，我国甘肃、新疆等地均有捕捉和发现野马的记录。为了保护这一物种的延续，从 20 世纪 80 年代中期开始，我国陆续从国外重新引入 24 匹普氏野马，并于 1986 年建立新疆野马繁殖研究中心，开展"野马还乡"工作，结束了野马故乡无野马的历史。这些史料证明，作为蒙古马祖先的蒙古野马在当今世界仍然存活。

现代蒙古马是蒙古野马长期演化的结果。蒙古马从蒙古野马逐渐进化成为家畜，这一过程经历了自然环境的巨大变化以及社会的多次变革。在这漫长的历史发展过程中，蒙古马的形态和特性与蒙古野马的原始形态相比，发生了显著变化，并分化出了多个支系。这些支系在各自生存的地域环境中繁衍和发展，形成了多样的蒙古马类型。在我国，蒙古马大致可分为乌珠穆沁马、上都河马、百岔铁蹄马、乌审马、三河马等 5 种类型。

乌珠穆沁马得名于其主要分布于内蒙古锡林郭勒盟的东乌珠穆沁旗和西乌珠穆沁旗。乌珠穆沁草原作为锡林郭勒大草原的一部分，历史上曾是元代阿剌忽马乞等处马道所在地，也是元朝十四道国家马场之一。元朝政府曾将各地的蒙古良马集中于此地进行繁育。到了清朝时期，这里继续作为国家牧场发挥着重要作用。据《清史稿》记载："顺治初，大库口外设种马厂，隶兵部。康熙九年，改牧厂属太仆寺，分左翼右翼二厂，均在口外。是时，大凌河设牧厂一，边墙设厂二，曰商都达布逊诺尔，曰达里冈爱，隶上驷院。"达里冈爱牧场位于蒙古国苏赫巴托尔省境内，在当时归内蒙古管辖。该地是乌珠穆沁马的重要繁育基地之一。因此，乌珠穆沁草原是产良马之地。《清稗类钞》中载，"蒙古多良马，乌珠穆沁旗之佳者，每匹价值数百金"。现代乌珠穆沁马主要分布在乌珠穆沁旗的额仁戈壁和乌拉盖河流域。这种马以其速度和耐力而闻名。《内蒙古历史地理》一书中载："它的性能具有抗寒、抗病和耐劳特点，终年放牧抓膘快，能觅食过冬。该马善行走，日行一二百华里。它是古代良种马自相繁殖，经过长期选育，形成遗传性较为稳定的蒙古马地方良种，是蒙古马的典型代表。"

上都河马产于内蒙古正蓝旗。在元朝和清朝时期，该地是皇室养马的重要地区。顺治年间，清政府在察哈尔设立了左翼、右翼、明安和商都 4 个牧场。其中，左翼和右翼牧场隶属于太仆寺，用于供应皇室差遣、祭祀陵寝和军事用途的马匹。商都牧场专门用于养马，隶属于上驷院，主要负责供应皇室差遣、祭祀陵寝和军事需求的马匹。明安牧场也称为牛羊群，隶属于内务府，主要供应用于祭祀和宫廷膳房的牲畜。清朝时期，各地蒙古王公向朝廷进贡的良马也集中在此地进行饲养和繁育。《清史稿》中载，乾隆五年，"两翼牧厂，共骒马百六十群，骟马十六群"。随着时间的推移，这些马逐渐演化成了上都河马这一品种。目前分布于正蓝旗一带的上都河马，正是继承了清代察哈尔四牧场蒙古马的遗传特征的品种。

白岔铁蹄马产于今内蒙古赤峰市克什克腾旗，主要集中在西拉木伦河上游地区。这种马具有耐寒、耐粗饲、抗病力强和持久力好等特性，是一种既能骑乘也能挽用的多功能马种。

乌审马，得名于其产地——鄂尔多斯市乌审旗，并主要分布于毛乌素沙漠一带。这种马以其出色的耐力著称，能够适应极寒和酷热气候，特别擅长在沙漠中行走。乌审马继承了其祖先在荒漠环境中生存的遗传优势，成为河套地区闻名的蒙古马品种。

三河马产自内蒙古呼伦贝尔市陈巴尔虎旗和额尔古纳右旗一带。这一品种是中亚马与当地蒙古马经过杂交逐渐形成的新品种。三河马体形俊美，身体匀称，遗传性能稳定，体大力强，是一种既适合骑乘也适合挽用的马种。

现代蒙古马的毛色多种多样，这一特点是从蒙古野马的单一毛色经历了长期的改良和繁育过程演变而来。如前文所述，通常情况下，蒙古野马的毛色较为单一，几乎所有蒙古野马的毛色非常相似，即便存在一些差异，这些差别也不显著。然而，现代蒙古马与蒙古野马在毛色上有很大的不同。经过数千年的演变，现代蒙古马已经摆脱了蒙古野马的形态，形成了自己独特的外观特征。现代蒙古马不仅有单一毛色的品种，还有复合毛色和各种杂色的品种。这种多样性是由气候、土壤等自然环境和饲料、养殖管理以及驯养方式等多种因素造成的。草原人民在长期的生产实践中，深化了对马的认识，他们能够准确辨识马匹毛色的细微差异，并且为这些千差万别的毛色赋予了不同的名称。仅从毛色来看，就可以把马划分出上百种类型。对于这些复杂的毛色，草原人民能够用一个专门的词汇来概括，并且这一称谓得到了广泛的认同，这无疑是游牧民族智慧的体现。从蒙古野马的单一毛色演变为现代蒙古马的多样化毛色，标志着养马业的巨大进步。这一变化不仅丰富了马匹的品种，也为人类驯养和繁育野生动物提供了重要的参考。

现代蒙古马的众多称谓经历了漫长的历史演变过程，从蒙古野马的单一名称发展而来。蒙古族是一个拥有悠久养马历史的民族，因此其马文化的积淀非常深厚，相关的马匹名词和术语也十分丰富，这正是草原文化的一个显著特点。蒙古野马生活在荒漠的时代，无论大小、雌雄，人们统一称之为"塔黑"。然而，经过数千年的驯养和发展，现代蒙古马不再像其祖先那样只有一种称呼，而是拥有了众多不同的称谓。即便是年仅 1 岁的小马驹，也有十几种不同的名称。草原人民对马的命名不仅仅基于其年龄、性别、颜色、体形、用途、季节等特征，还包括了统称、别称、尊称等多种形式。从单一的"塔黑"名称发展到如今众多的名称，这不仅是历史发展的必然趋势，也是养马业进步的体现。

（二）忠诚尽职：蒙古马的天性使然

马以其忠诚、勤恳和灵性赢得了人类的认可和尊重。千百年来，那些描绘马自由奔跑、老马识途、忠马救主等动人场景的故事以及由祖先传承下来的对马的深厚情感，将永远不会消逝。这些故事和情感是人类与马之间特殊的纽带，体现了马在人类历史和文化中不可替代的重要地位。

在北疆文化中，人们常常将马赋予人类的特征，并与之进行情感交流，这一现象在文学作品中表现得尤为突出。人们相信，在与主人的相处过程中，马如同狗一样，能够与主人建立起深厚的感情。尽管马没有语言能力，无法进行复杂的思考，但它们能够在想象的范围内（因为没有语言，不能进行思考，只能借助于想象）理解主人的话语，感知主人的喜怒哀乐，并知晓如何保障主人的安全。因此，可以说，在与主人的长期相处中，马似乎具备了一些人类的属性。

关于马有悬缰之义的传说，出自李汝珍的《镜花缘》。根据书中记载，前秦皇帝苻坚在与慕容冲的战役中战败，落荒而逃。在逃亡过程中，苻坚不慎跌入一个山洞，由于山洞陡峭，他无法爬出。正当追兵逼近，形势危急之时，苻坚的坐骑表现出了非凡的忠诚和智慧，它跪在洞边并将缰绳垂下，苻坚抓住缰绳得以爬出山洞，从而逃脱了追兵的追捕。故事《枣红马》讲述了葛根塔娜与她的爱马之间深厚的情感。这匹枣红马不仅拥有非凡的速度，更具有令人赞叹的忠诚和人性。在长达20年的时间里，它在每一届那达慕大会上都获得第一名，成为传奇般的存在。随着时间的流逝，枣红马逐渐老去，牙齿也一颗颗地掉落。在那一年的那达慕大会来临之际，葛根塔娜为了取得好成绩，不得不另选一匹马参赛。然而，枣红马紧紧依恋着主人，无论怎样驱赶，都不肯离去。最后，枣红马流下了伤心的泪水。葛根塔娜见此情景，心中充满了不忍和愧疚。她决定让枣红马再次参赛，让它有机会再次证明自己。在那达慕大会上，枣红马凭借着顽强的意志和不屈的精神，再次夺得了第一名。人们的欢呼声和赞扬声此起彼伏。然而，就在这一刻，枣红马耗尽了最后一丝力气，倒在了地上。

葛根塔娜紧紧抱着马头，泪流满面，悲痛欲绝。枣红马睁开失神的双眼，发出了最后一声嘶鸣，然后安静地离开了这个世界。在蒙古族众多的文学作品中，蒙古马常被描绘为具有驮负重如大山的力量和能够跨越辽阔大地的惊人速度，同时它们还拥有超凡的智慧和神奇的魔力。

2020年初，在内蒙古通辽市扎鲁特旗阿日昆都楞镇西巴彦查干嘎查，发生了一件感人的事情。一匹蒙古马在3年内两次更换主人，但它跋山涉水，行走数百里，最终回到了自己的故乡，并找到了曾经饲养自己长达7年的最初的主人。这个故事是蒙古马忠诚不渝本性的一个生动例证，展现了蒙古马与人类之间的深厚情感。

（三）坚韧不拔：蒙古马的文化表征

蒙古马是世界古老马种之一，它拥有特殊的物种基因，加之长期生活在严酷的环境中并经历了持续的遗传变异，形成了其耐寒、耐旱和耐力强等独特的生理特性。蒙古马的体形相对矮小，外观朴实无华，既没有英国纯血马那样高大的身躯，也不具备俄罗斯卡巴金马修长的体态。然而，蒙古马对于北方各民族的物质文化发展产生了极其重要的影响。因此，在历史文献中，涉及北方游牧民族的记载往往不会缺少蒙古马这一重要元素，其威武的形象一直是历史叙述中不可忽视的一笔。

我国古代北方游牧民族与马有着深厚的情感和文化联系，他们从小在马背上成长，精于骑射。狩猎活动是他们培养骑射技能的重要方式。他们日夜与马为伴，通过不断的狩猎实践，每个人都磨练成为出色的射手和骑手。随着年龄的增长，他们在 15 岁左右便开始从军，每个人都会自备战马数匹。这样的准备增强了他们在战争中的机动能力，提升了持久力。由于每个战士都拥有多匹战马，他们可以在战斗中轮流使用，避免战马过度疲劳。在与敌军交锋的关键时刻，他们会换上新马，以迅猛的追击不给敌人任何喘息的机会。因此，在古代法律中，马匹的数量和质量也成为量刑标准之一。马匹之所以如此重要，是因为在战争中，它们被视为将士们的第二生命，是决定战争胜负的关键因素。

在我国北方，蒙古马的外观可能不及阿拉伯马那样引人注目，但它适应蒙古高原的自然环境，是极为出色的骑乘良驹。蒙古马以其出色的耐力和对复杂气候超强的适应能力而著称，这些特性使它在实用性上超越了其他许多马种。经过良好训练的蒙古马，能够在战时与骑手心意相通，配合默契。在骑手引弓放箭时，蒙古马不会突然停下，使骑手在马背上能够自如地进攻和撤退。

在气候条件恶劣的大草原上，蒙古马以其纵横驰骋的英姿屡建奇功，塑造了一种独特的品格和精神，即不畏寒暑、不惧艰险、坚韧不拔的精神，知难而进、无所畏惧、勇往直前的精神，刚烈剽悍、赤胆忠心、忠于职守的精神，默默承受、无怨无悔、英勇拼搏的精神。

　　蒙古马以其惊人的速度、持久的耐力、高度的警惕性以及出色的适应性而闻名。事实上，蒙古马的成长与草原狼之间存在着密不可分的联系，它们的能力在很大程度上是被草原狼逼迫出来的。草原狼不仅凶狠、机警、攻击性强，更擅长团队协作，能够巧妙地运用踩点、奔袭、设伏、迂回、堵截、合围、集群突击等一系列战术。当马群不幸陷入狼群的包围时，它们面临的选择极为严酷：要么被集体猎杀，成为狼群的食物；要么拼死一战，与狼群同归于尽。不论结果如何，马群生还的可能性微乎其微。在这样的生存环境下，蒙古马时刻面临着生存的威胁，它们必须与草原狼比拼机敏、速度、勇猛和耐力，任何疏忽和懈怠都可能意味着死亡。蒙古马不能对食物和环境有所挑剔，必须适应各种恶劣条件。经过长期的自然选择和激烈的生存竞争，蒙古战马的潜力得到了充分的激发。可以说，草原狼在无意中扮演了驯马师的角色，使蒙古战马不仅勇猛剽悍、迅猛如风，而且能够承受饥饿、疲劳、极端天气和各种环境的考验，展现出超强的适应能力。

　　蒙古马精神深植于北疆文化的沃土之中，成为北疆儿女吃苦耐劳、一往无前精神的生动体现。这种精神与社会主义核心价值观所倡导的"敬业、诚信、友善"以及全民族"奋发向上、团结和睦"精神高度契合，与社会主义核心价值体系中的民族精神和时代精神相一致。蒙古马精神不仅蕴含着北疆文化最根本的精神基因，也反映了北疆各民族最深层的精神追求。为了培育和弘扬蒙古马精神，我们需要深入挖掘北疆文化的丰富内涵，并结合时代的发展，不断延伸和阐发其内涵，使北疆文化与现代文化相适应，使蒙古马精神与社会主义核心价值观更加协调统一。

历史的沉淀与实践的熔炼使蒙古马精神深深植根于北疆各族人民的心中，它已成为各族群众团结奋斗、不断开拓进取的重要精神动力。随着时代的发展，蒙古马精神的内在价值和意义愈发彰显。当前，内蒙古正处于打造祖国北疆亮丽风景线的关键时期，肩负的责任更加重大。为了完成这一使命，我们要继承和发扬蒙古马精神，在思想上坚定不移、满怀信心，在行动中抢抓机遇、突破困境，朝着既定目标不断前进。

二、蒙古马精神的提出及内涵要义

"吃苦耐劳、一往无前，不达目的绝不罢休"，这是习近平总书记对蒙古马精神核心精髓所作的高度凝练和深刻阐发。习近平总书记对蒙古马精神的精辟概括和科学定位，深刻总结了蒙古马自身所具有的特点和优势，深情描绘了内蒙古各族人民在革命、建设和改革进程中所表现出的忠于职守、甘于奉献、吃苦耐劳、一往无前的精神状态，承载着习近平总书记对内蒙古各族干部群众的深情厚爱和殷切希望，也承载着中华民族伟大复兴不可阻挡的磅礴力量。被赋予丰富内涵与时代价值的蒙古马精神一经提出，就在辽阔的内蒙古大草原产生了强大的号召力和感染力，成为内蒙古发展的时代最强音，激励着草原儿女自强不息、奋勇向前，为我们在新时代全面建设社会主义现代化国家、实现中华民族伟大复兴凝聚起强大的精神力量，汇聚起奔腾不息的磅礴动力。

（一）砥砺奋进：蒙古马精神呼之欲出

党的十八大以来，以习近平同志为核心的党中央准确把握时代大势、立足我国发展大局，为新时代新征程党和国家事业发展锚定前进方向。2012 年 11 月，习近平总书记在参观《复兴之路》展览发表讲话时，首次提出实现中华民族伟大复兴的中国梦。"十三五"时期告别绝对贫困、实现全面小康的美好蓝图，已经在中华大地上绘就。"十四五"规划纲要出台，描绘了我国从全面小康奔向全面现代化的壮丽蓝图。党的二十大擘画了以中国式现代化推进中华民族伟大复兴的宏伟蓝图，发出了为全面建设社会主义现代化国家、全面推进中华民族伟大复兴而团结奋斗的号召。

与此同时，在新时代新征程上，习近平总书记和党中央始终心系北疆、情牵草原，立足全局谋划内蒙古经济社会发展，为祖国北部边疆制定了清晰的行动纲领，注入了不竭的发展动力。习近平总书记先后 4 次到内蒙古考察指导工作，连续 5 年参加十三届全国人大内蒙古代表团审议，多次就事关内蒙古全局和长远发展的重要工作作出指示批示——明确内蒙古在全国的"两个屏障""两个基地"和"一个桥头堡"的战略定位；指明走以生态优先、绿色发展为导向的高质量发展新路子；要求扎实推动经济高质量发展，把祖国北部边疆这道风景线打造得更加亮丽；叮嘱牢记初心和使命，贯彻以人民为中心的发展思想。习近平总书记的殷殷嘱托，为新时代内蒙古发展提供了科学指引。

方向已经明确，目标就在前方，伟大时代呼唤伟大精神，需要一种精神来凝心聚力，需要一种精神来激发干事创业的韧劲、闯劲、狠劲、拼劲和干劲。随着新时代的到来，我们站在了一个新的历史起点上，面临着前所未有的机遇和挑战。在变幻莫测的时代，我们更需要一种精神力量来引领我们前进，这种精神力量就是蒙古马精神。

蒙古马精神深植于北疆悠久的历史与文化传统之中。这种精神以其坚韧不拔和顽强拼搏的特质，已成为内蒙古各族人民最鲜明的精神标识。在新时代，我们更需要弘扬蒙古马精神，以面对各种挑战和困难。这种坚韧不拔的精神是我们取得胜利的关键因素。同时，我们也要不断开拓创新，勇于探索未知的领域。只有通过不懈的努力和拼搏，我们才能取得更大的成就，创造更加美好的未来。

（二）精神凝聚：蒙古马精神孕育而生

蒙古马精神在草原文明与农耕文明的交流融合中孕育而生，在中国共产党团结带领各族人民进行革命、建设和改革的历程中逐渐形成。在新时代，蒙古马精神被明确提出，成为推动地区发展和民族团结的重要精神动力。

2014 年 1 月，习近平总书记在内蒙古考察指导工作期间勉励内蒙古各族干部群众："蒙古马虽然没有国外名马那样的高大个头，但生命力强、耐力强、体魄健壮。我们干事创业就要像蒙古马那样，有一种吃苦耐劳、一往无前的精神。"这是习近平总书记首次明确提出蒙古马精神。此后，习近平总书记在 2018 年 3 月参加十三届全国人大一次会议内蒙古代表团审议时和在 2019 年 7 月考察内蒙古的重要讲话中，都提到了弘扬蒙古马精神，要求内蒙古的同志认真贯彻党中央要求，弘扬"吃苦耐劳、一往无前，不达目的绝不罢休"

的蒙古马精神，努力把各项工作做得更好。2021 年 5 月，习近平总书记在参加他所在的十三届全国人大三次会议内蒙古代表团审议时，充分肯定了内蒙古一年来的工作，希望内蒙古的同志大力弘扬蒙古马精神，在全面建设社会主义现代化国家新征程上书写内蒙古发展新篇章。

中国共产党团结带领内蒙古各族人民进行的革命、建设和改革的伟大实践，正是蒙古马精神在新的历史条件下的真实反映和集中展现。在新时代，内蒙古提出了打造经济发展、文化繁荣、民族团结、边疆安宁、生态文明、各族人民幸福生活的亮丽风景线。在推进中华民族伟大复兴和助力亮丽内蒙古建设的过程中，蒙古马精神同样是实现伟大梦想的强大精神动力。党的十九大报告指出，"我国仍处于并将长期处于社会主义初级阶段的基本国情没有变"，"新时代我国社会主要矛盾是人民日益增长的美好生活需要和不平衡不充分的发展之间的矛盾"。在转方式上下功夫，在调结构上找出路，在推转型上做文章不是一件容易的事情，这需要蒙古马精神继续在内蒙古建设发展的进程中不断发挥作用，用一马当先的勇气、快马加鞭的劲头、万马奔腾的气势坚定意志信念，维护党中央权威和集中统一领导，守护好祖国北疆亮丽风景线。

（三）时代先导：蒙古马精神内涵阐释

如今，蒙古马精神已经成为激励内蒙古各族人民奋进新时代、开启新征程的精神动力。对蒙古马精神的深入阐释和大力弘扬，必将在中国共产党的领导下，激发内蒙古各族人民在完成习近平总书记交给内蒙古的五大任务、全方位建设模范自治区和实现中华民族伟大复兴的历史征程中释放出无限的活力。

概括而言，蒙古马精神的内涵主要包括以下几个方面：

一是吃苦耐劳的精神。作为北疆各族人民的忠实伙伴，蒙古马无论面对多么恶劣的环境、多么漫长的旅途或是多么沉重的负担，都能默默承受，无怨无悔，不图回报。在战场、旅途、田间、赛场上，蒙古马的身影无处不在。蒙古马不仅以其勤劳著称，还以实际行动为人类贡献了自己的乳汁甚至鲜血。在很长一段时期内，马奶是游牧民族重要的生存资源。史料记载："饮马乳以塞饥渴，凡一牝马之乳，可饱三人。"此外，在军队急行军或断粮陷入饥饿时，士兵们曾通过刺破乘马的静脉来吸取血液，以此挽救生命。特别值得一提的是，解放战争时期，内蒙古骑兵师骑着蒙古马在战场上英勇奋战，为中华人民共和国的成立建立了不可磨灭的功勋。

二是一往无前的精神。正如民间谚语所说："千里疾风万里霞，追不上百岔的铁蹄马。"这种知难而进、无所畏惧、勇往直前的特质，是蒙古马的重要特征之一。在边疆少数民族发展史上，无论是转场牧场、寻找水源、跨越坚冰还是开拓疆土，只要接到指令，蒙古马就会毫不犹豫地勇往直前，它的足迹遍布北方广袤的草原。据史料记载，经过训练的蒙古马在战场上表现得镇定自若，勇猛异常，任何障碍都无法阻挡它凌厉的冲锋。一旦蒙古马冲锋在前，便能形成排山倒海之势，难以抵挡。总的来说，无论是在战场上还是在日常劳作中，蒙古马都展现出了昂扬的锐气、积极进取的态度和不断奔腾的活力。这种精神还体现在蒙古马的记途识路能力、较强的方向感、对环境的适应能力、顽强的生命力、不畏风雨和艰难险阻的勇气、坚韧和耐力、面对挫折和困难的坚持、勇于挑战自我的决心、在逆境中前进的能力、领跑群骥的风范以及在困难中一马当先的气概。

三是不达目的绝不罢休的精神。与其他品种的马相比，蒙古马最为突出的特点就是其超强的耐力，尤其擅长在艰苦的环境中长途跋涉。在极端的自然环境中，蒙古马为了实现目标，不畏严寒酷暑，不惧任何困难和挑战，凭借坚韧不拔的意志，穿越沙漠和雪原，在辽阔的蒙古高原上创造了无数的传奇。史料记载，蒙古马拥有一种独特的"走马"步伐，能够以稳定的速度进行长时间的奔袭，无论是白天还是黑夜。

为了到达目的地，蒙古马能够适应各种草原环境，即使在食物和草料品质较差的情况下也能保持体力，这使得它们在战场上能够保持充沛的精力。在艰苦的自然环境中，蒙古马坚强的毅力使其能够跨越雪原、穿越沙漠，成为一位坚强的战士。

四是守望相助的精神。这一精神源自蒙古马的团队协作意识和忠于职守品质。蒙古马擅长协同合作，具有强烈的纪律性、奉献精神和勇于承担责任的品质。历史上，蒙古马虽然天性刚烈剽悍，但对主人和草原怀有深沉的忠诚和依恋，甚至愿意为了主人的安全而牺牲自己的生命。在史诗《江格尔》中，英雄洪古尔的坐骑用马尾击退有毒的酒杯，拯救了洪古尔的生命。据文献记载，著名作家尹湛纳希在返乡途中不幸落马，昏厥之际，其坐骑与两只狼展开了激烈的搏斗，最终挡住了狼的攻击，成功保护了主人，这充分展现了蒙古马的忠诚和勇敢。蒙古马是草原牧民的忠实伙伴，在面对任何艰难险阻时，始终与骑手心心相印、患难与共。在社会主义革命、建设、改革的历史进程中，内蒙古各族人民同全国人民一道，为国家的独立和社会的发展作出了不可磨灭的贡献。如今，内蒙古不仅是我国重要的塞北粮仓和生态屏障，还是国家重要的工业和能源基地。这些成就的取得，源于内蒙古各族人民的紧密团结、相互支持、不懈努力和自强不息。这种守望相助的精神，不仅促进了内蒙古的经济发展和社会进步，也为全国的繁荣稳定作出了重要贡献。它展现了中华民族大家庭中各族人民团结一心、共同奋斗的生动实践，是实现中华民族伟大复兴中国梦的宝贵精神财富。

三、蒙古马精神与新时代中国精神

在中华民族 5000 余年的历史长河中，形成了以爱国主义为核心的团结统一、爱好和平、勤劳勇敢、自强不息的民族精神和以改革创新为核心的时代精神。中华民族所具有的民族精神和时代精神共同构成了国家精神。蒙古马精神与新时代的国家精神是一脉相承、相互贯通的，为北疆文化提供了丰厚精神滋养，充分彰显了北疆文化的鲜明特质，是内蒙古各族人民最鲜明的精神标识，成为新时代新征程内蒙古各族人民守望相助、开拓进取的重要精神源泉。

（一）固本培元：蒙古马精神铸牢中华民族共同体意识

弘扬蒙古马精神是铸牢中华民族共同体意识的强大精神动力。千百年来，中华民族之所以展现出强大的凝聚力和向心力，源于各民族有着共同的价值追求；在历史波折的沉浮跌宕中之所以生生不息、不断发展，就在于形成一荣俱荣、一损俱损的命运共同体。铸牢中华民族共同体意识是实现中华民族伟大复兴的思想前提，对国家统一、民族团结、社会稳定具有重要的理论价值和现实意义。党的十八大以来，内蒙古各族人民始终贯彻落实党的民族政策，积极推进民族团结进步创建工作，铸牢中华民族共同体意识，在实践中实现民族团结。要切实维护民族团结和社会稳定，将蒙古马精神作为铸牢中华民族共同体意识的思想基础，使铸牢中华民族共同体意识内化于心、外化于行。蒙古马精神所涵盖的坚韧不拔与和谐团结的精神特质，与铸牢中华民族共同体意识的核心理念高度契合。因此，在内蒙古地区铸牢中华民族共同体意识，应当以弘扬蒙古马精神为重要契机和纽带。然而，我们必须认识到，铸牢中华民族共同体意识是一个长期的过程，并非一蹴而就。这一目标的实现需要社会各界人士和不同领域的集体力量团结一心，共同努力。

在新时代，铸牢中华民族共同体意识具有重要的现实意义。在 2014 年 9 月召开的中央民族工作会议上，习近平总书记指出："加强中华民族大团结，长远和根本的是增强文化认同，建设各民族共有精神家园，积极培养中华民族共同体意识。"明确提出"中华民族共同体"的概念。在"中华民族"后加上"共同体"一词，进一步明确了"中华民族和各民族的关系，是一个大家庭和家庭成员的关系"，明确了中华民族作为共同体意义上的内部各民族与国家关系定位以及战略目标，从而明确提出中华民族共同体意识。"中华民族＋共同体"凸显中国各民族是一个同呼吸、共命运的整体，这是马克思主义民族理论的又一次创新。党的十九大把"铸牢中华民族共同体意识"写入党章，成为全党全国各族人民实现中国梦新征程上的共同意志和根本遵循。党的十九大报告强调，"全面贯彻党的民族政策，深化民族团结进步教育，铸牢中华民族共同体意识，加强各民族交往交流交融，促进各民族像石榴籽一样紧紧抱在一起，共同团结奋斗、共同繁荣发展。"这是新时期党中央领导集体基于全新的历史观、民族观、文化观作出的重要理论创新和重大战略部署，用"共同体"这一兼具政治性、经济性、文化性、情感性等诸多属性于一体的概念明确了中华民族的凝聚方式，是我们做好民族工作的行动指南。由此可见，新时代铸牢中华民族共同体意识，对维护祖国统一、促进民族团结进步，实现中华民族伟大复兴具有重要的现实意义。

铸牢中华民族共同体意识并不意味着摒弃原有的精神文化，而是在于寻求中华民族内部多元文化的共性，同时尊重并吸收各少数民族传统文化的精华。习近平总书记指出："本国本民族要珍惜和维护自己的思想文化，也要承认和尊重别国别民族的思想文化。不同国家、民族的思想文化各有千秋，只有姹紫嫣红之别，而无高低优劣之分。每个国家、每个民族不分强弱、不分大小，其思想文化都应该得到承认和尊重。"费孝通认为在处理不同文化关系时，要"各美其美，美人之美，美美与共，天下大同"①。所以，铸牢中华民族共同体意识并不会导致蒙古马精神的消失，相反，蒙古马精神将为铸牢中华民族共同体意识提供坚实的物质基础、精神基础和社会基础。我们要继承和发扬中华优秀传统文化，弘扬蒙古马精神，不断增强各族人民的凝聚力和向心力，使全国人民都像石榴籽那样紧紧抱在一起，手足相亲、和睦相处，人心相聚、守望相助，使中华民族永远屹立于世界民族之林。

（二）源远流长：蒙古马精神深化新时代中国精神内涵

什么是中国精神？2013年3月，习近平总书记在十二届全国人大一次会议闭幕会上高度概括了中国精神的主要内容和作用，"这就是以爱国主义为核心的民族精神，以改革创新为核心的时代精神。这种精神是凝心聚力的兴国之魂、强国之魂"，强调"爱国主义始终是把中华民族坚强团结在一起的精神力量，改革创新始终是鞭策我们在改革开放中与时俱进的精神力量"，要求"全国各族人民一定要弘扬伟大的民族精神和时代精神，不断增强团结一心的精神纽带、自强

---

① 在"人的研究在中国——个人的经历"主题演讲中，费孝通总结出"各美其美，美人之美，美美与共，天下大同"这一处理不同文化关系的十六字"箴言"。

不息的精神动力，永远朝气蓬勃迈向未来"。

中国精神是贯穿于中华民族 5000 多年历史，积蕴于近现代中华民族复兴历程的以爱国主义为核心的民族精神和以改革创新为核心的时代精神。中国精神具有强大的民族凝聚力和感召力。以"吃苦耐劳"一往无前等为主要内涵的蒙古马精神正彰显了以爱国主义为核心的民族精神和以改革创新为核心的时代精神的精神品质，丰富了中国精神谱系。

"吃苦耐劳"彰显了以爱国主义为核心的民族精神的精神特质。民族精神是指一个民族在长期共同生活和社会实践中形成的，为本民族大多数成员所认同的价值取向、思维方式、道德规范以及精神气质的总和。一个缺乏自己民族精神的民族，是不可能自立于世界民族之林的。在 5000 多年的历史发展过程中，中华民族形成了以爱国主义为核心的团结统一、爱好和平、勤劳勇敢、自强不息的伟大民族精神。中国精神博大精深，它体现了勇敢、执着和奉献的价值观，是传统文化的精华所在，同时也象征着中华民族勤劳、善良、热爱和无私奉献的精神特质。它承载着中华民族坚定、吃苦耐劳、任劳任怨、自觉自信、自强不息以及厚德载物的精神品质。爱国主义是中国精神的核心。爱国主义不仅是中华民族深切的归属感和荣誉感的体现，也是实现中华民族伟大复兴的精神力量。吃苦耐劳是中国精神的一个重要组成部分，它是中国精神的显著特征，也是中华民族的传统美德。蒙古马精神吃苦耐劳的精神特质正是这种以爱国主义为核心的民族精神的具体体现，它激励着我们在新时代继续传承和发扬这一宝贵的精神财富。

"吃苦耐劳"指的是在面对最艰难困苦的生活时，仍能坚韧不拔，忍受劳累和艰辛。正如孟子所言："故天将降大任于是人也，必先苦其心志，劳其筋骨，饿其体肤，空乏其身，行拂乱其所为，所以动心忍性，增益其所不能。"自古以来，中国人民面对各种困难和考验，在苦难中锤炼心志，在励精图治中豁达张扬。历史上的许多人物，如韦编三绝的孔子，发于畎亩之中的舜，举于版筑之间的傅说，举于鱼盐之中的胶鬲，等等，都体现了中华民族吃苦耐劳的精神特质。古语"吃得苦中苦，方为人上人"成为流传千古的至理名言，它激励着人们在面对困难和挑战时不屈不挠，坚持不懈。

"一往无前，不达目的绝不罢休"的奋斗精神为实现中华民族伟大复兴的中国梦注入了强大的动力，这与以改革创新为核心的时代精神高度契合。时代精神是时代发展的必然产物，它反映了一个时代人们在文明创造活动中所展现的精神风貌和优秀品质，是人类文明在各个时代的精神映射。时代精神主要体现在社会的意识形态中，然而，并非所有意识形态中的现象都能代表时代精神，只有那些能够引领时代发展潮流、代表一个时代精神文明、激发民族奋发向前的强大精神动力以及对社会生产力发展产生积极影响的精神，才能被称为时代精神。每个时代都有其独特的时代精神。在民主革命时期形成的井冈山精神、长征精神、延安精神、红岩精神等，在社会主义建设时期涌现的雷锋精神、焦裕禄精神、大庆精神（铁人精神）等，改革开放以来涌现出的改革创新精神、九八抗洪精神等，都是中华民族在不同历史阶段的精神体现。正是这些不同历史时期的中国精神，推动了中国精神内涵的不断丰富。蒙古马精神一往无前的精神特质正是这种以改革创新为核心的时代精神的生动体现。

随着改革开放的深入推进和中国特色社会主义事业的持续发展，中国迈入了新时代。新时代我们国家还面临着国内外复杂严峻的形势，承受着经济全球化下的压力，受到冲击的多边主义，震荡的国际市场，经济转型阵痛凸显的严峻挑战，新老矛盾相互交织都对我们国家提出挑战，新时代改革创新是当代中国的最强音，而一往无前更是这个时代的精神力量。我们始终相信，在中国共产党的领导下，中国人民有战胜任何艰难险阻的勇气、智慧和力量，中国的发展没有过不去的坎。以爱国主义为核心的民族精神和以改革创新为核心的时代精神相辅相成，为中国精神增添了鲜明的时代特色。

（三）发扬光大：蒙古马精神丰富新时代中国精神谱系

在长期的奋斗历程中，中国人民培育、继承并发展了诸多精神。无论是革命时期的井冈山精神、长征精神、延安精神，还是中华人民共和国成立后的大庆精神（铁人精神）、红旗渠精神、"两弹一星"精神，抑或是改革开放以来的载人航天精神、抗震救灾精神、抗疫精神，这些精神汇聚了亿万人民的强大力量，为中华民族伟大复兴提供了坚实的支撑。

蒙古马精神是中华民族优良道德传统的集中体现。我国是一个历史悠久的文明古国，在漫长的历史演进中孕育了辉煌灿烂的中华文明。传统道德构成了中华文化的核心要素，其内涵丰富，涵盖了自强不息、厚德载物、求真务实、精忠报国、诚实守信、勤俭廉政等美德。这些传统美德深深植根于中国人的思想和行为之中。它们不仅展现了中华文化的强大感召力，更成为民族精神的核心力量，体现了中华民族的共同理想和不懈追求。蒙古马精神自强不息的精神特质不仅凝聚和增强了民族向心力，而且孕育了自信、自尊、自立的民族品格。这种勇往直前、不断奋斗的精神，不断激励着中华儿女向着更加辉煌的未来奋勇前进。

蒙古马精神凸显了中华民族优良道德传统的核心价值。它不仅体现了中华民族传统美德，也映射出一个民族积极进取、昂扬向上的精神面貌和民族性格。中华民族优良道德传统通常有两种定义。一种定义侧重于以古代儒家伦理道德为主体，并融合了墨家、道家、法家等传统道德思想的精华。在 2000 多年的历史发展中，儒家、墨家、道家、法家等各家的伦理思想以及佛学中的心性之说，相互影响、相互吸收，共同塑造了中华民族独特的伦理传统。另一种定义则强调中国 5000 多年历史中传承下来、具有深远影响、值得继承并不断创新发展的优秀道德遗产，这些遗产对后代具有积极的启示和指导作用。这两种定义都体现了中华民族优秀的道德品质、优良的民族精神、崇高的民族气节、高尚的民族情感以及良好的民族习惯。中华民族的优良道德传统不仅是中华民族"形"与"魂"的标志，也是中国人民在几千年历史中处理人际关系、社会关系和自然关系的实践结晶。中华民族优良道德传统是由 56 个民族的优良道德传统共同构成的。如果脱离了中华民族的优良道德传统这一根基，任何民族的传统道德都会成为无源之水、无本之木，都将失去其生命力。蒙古马精神深受我国北方游牧文化、中原文化以及佛教等多元文化的影响，自始至终体现了中华文化"多元一体"的本质特征。可以说，中华民族优秀传统文化为蒙古马精神提供了深厚的土壤。

中华民族历来尊崇"富贵不能淫，贫贱不能移，威武不能屈"的高尚气节，这体现了坚定的爱国主义精神。《管子·牧民》中载："以家为家，以乡为乡，以国为国，以天下为天下。"《左传·昭公元年》中载："临患不忘国，忠也。"范仲淹主张"居庙堂之高则忧其民，处江湖之远则忧其君"，"先天下之忧而忧，后天下之乐而乐"。《礼记·儒行》中载："苟利国家，不求富贵。"中华民族优良道德传统中蕴含着深厚的爱国情感，正是这样的传统为蒙古马精神的形成奠定了坚实的基础。历史上，我国多次面临外敌入侵的严峻考验，在这样的背景下，中国人民的爱国情感被激发，并升华为为国奉献的高尚的爱国情操和伟大的牺牲精神。在战场上，无数蒙古族儿女英勇奋战，浴血拼搏，誓死捍卫国家尊严和领土完整。在这一过程中，蒙古马的卓越贡献不可忽视，它们的坚韧和忠诚成为激励内蒙古各族人民不断前进的重要力量。这种根植于心的爱国主义精神，是推动中华民族走向繁荣昌盛的强大动力。

在中国传统伦理道德中，为国为民谋利，"兴天下人民之大利"被视为道德的最高境界，是最为崇高的"义"。这一理念强调的是"整体至上""先义后利""克己奉公"的社会责任感和使命感，倡导建立一种和谐的人伦关系。在这里，"义"主要指民族和国家的利益，而"利"则指个人的利益。这意味着社会和集体的利益远远高于个人的利益，强调个体对整体承担道德义务。这种精神深植于社会文化之中，体现了群体意识，并扩展为对整个民族和国家的集体主义精神。这也是历史上众多仁人志士、思想家、政治家和文学家们追求的人生境界。孔子曰，"无求生以害仁，有杀身以成仁"；"人而不仁，如礼何？人而不仁，如乐何"；"不义而富且贵，于我如浮云"。孟子曰："生，亦我所欲也；义，亦我所欲也。二者不可得兼，舍生而取义者也。"这些观点和主张都坚持从国家和集体利益出发，在处理个人与他人、社会、群体的关系时，始终强调"义以为上""先义后利"。蒙古马精神中的忠诚和奉献精神、内蒙古各族人民所体现的"义以为上""克己奉公"的精神与这种伦理观念紧密相连，是中华民族道德传统的重要组成部分。

中华传统文化经过数千年的传承与发展，孕育了中国人民"自强不息""厚德载物"的人格精神。《周易·彖传》中载，"刚健而不陷，其义不困穷矣"；《周易·象传》中载，"天行健，君子以自强不息"。"刚健"主要表现了人的主动性、能动性以及刚强不屈的性格，奋发图强的斗争精神。"刚健自强"的思想一直受到历代思想家的推崇，成为人们在面对挑战和逆境时激励斗志、克服困难的重要精神力量。"厚德载物"作为中华传统道德伦理的核心理念，不仅体现了深厚的人文关怀，也为实现"刚健自强"提供了实践路径和方法。

《周易·象传》中载："地势坤，君子以厚德载物。"《国语·晋语六》中载："吾闻之，唯厚德者能受多福，无福而服者众，必自伤也。""厚德载物，雅量容人"是指君子应具备如大地般宽广的胸怀，能够孕育、承载和包容万物。正如古语所言："宽则得众。""自强不息"与"厚德载物"是中华民族所推崇的道德风范，体现了中华民族高尚的精神追求。蒙古马精神中不断奋斗、勇往直前的精神以及开放包容、积极进取的团结协作精神，正是中华民族道德传统中"自强不息"和"厚德载物"理念的具体体现。中华民族自古以来就有崇尚生命、热爱自然、保护环境的传统美德，强调"天人合一"。老子说："人法地，地法天，天法道，道法自然。"《庄子·齐物论》中载，"天地与我并生，而万物与我为一"。《庄子·山木》中载："有人，天也；有天，亦天也。"他们认为天人本应合一，人为制定的各类制度和道德规范往往使人失去了原始的自然状态，导致人与自然的关系变得不和谐。为了恢复这种和谐，人类应当摒弃那些束缚自身的限制，解放人性，回归自然，以达到"万物与我为一"的境界。中国人的人生追求首先表现为一种"崇生"的价值观，即注重生命本身的价值，尊重生命，敬畏生命。此外，这种追求还体现在"贵物"的理念上，即爱物、惜物，爱护环境、保护自然界和维护生态平衡。《诗经》有言，"敦彼行苇，牛羊勿践履"。《管子》

则主张对自然资源的利用应当"以时禁发",不可违时滥用,以免破坏自然界的运行规律,保护自然生命的持续发展能力。内蒙古各族人民与蒙古马之间的深厚情感体现了人与自然共生的理念,从这种关系中我们可以清晰地感受到"崇生贵物"的精神。

蒙古马精神作为中华民族优良道德传统的重要组成部分,不仅是民族凝聚力的显著标志,也是推动民族发展的核心力量,同时是民族团结和统一的重要纽带。蒙古马精神的形成既是文化传承与积淀的结果,也是文化创新与进步的体现。它为时代精神注入了活力,是时代精神的根基,并随着时代的发展不断被赋予新的内涵。因此,蒙古马精神对丰富和发展中华民族优良传统发挥着至关重要的作用,具有深远的时代价值。

内蒙古各族人民继承和发扬了自强不息的精神,创造了令人瞩目的成就。以乌兰牧骑为例,自 1957 年 6 月 17 日在锡林郭勒盟苏尼特右旗成立以来,乌兰牧骑已经走过了光辉的历程。一代代乌兰牧骑队员不畏风雪、不惧寒暑,在广袤的戈壁和草原上长途跋涉,以天空为幕布、大地为舞台,无论在定居点还是放牧点,只要有牧民的地方,就有他们的身影。60 余年来,乌兰牧骑始终坚持全心全意为农牧民服务的宗旨,为他们带去欢乐与文明,传递着党的声音和温暖。为了满足多样化的文艺需求，乌兰牧骑不断进行改革创新，坚持一专多能、两条腿走路，艰苦奋斗，成功开辟了一条在贫困地区发展专业民族艺术团体的道路。乌兰牧骑的创建和发展，凝聚了几代乌兰牧骑人的无私奉献和辛勤努力，同时也体现了党和国家以及广大人民群众对他们的深情厚爱。

内蒙古各族人民继承和发扬了团结奋斗的精神，高举团结进步的旗帜，手足相亲、相互包容、团结和睦、守望相助的理念深深根植于各族人民的心中。他们齐心协力、共同奋斗，自觉将个人的命运与国家、自治区的改革发展稳定紧密相连。我们可以看到，融合了蒙古族、鄂温克族、鄂伦春族等少数民族传统服饰元素的现代民族服饰，已经成为当代年轻人的时尚选择；流传于蒙古高原上千年的各民族民谣，通过现代音乐的表现形式，传唱至世界各地。正如谚语所说，"一花独放不是春，百花齐放春满园"。内蒙古各族人民坚持共建共享，民族团结成为地区发展的坚实基石。

内蒙古各族人民继承和发扬了吃苦耐劳的精神。内蒙古地区集民族地区、革命老区、边远地区、生态脆弱区等多重特点于一身，面临着严峻的发展挑战。2020年以前，全区有超过一半的旗县被认定为贫困县，包含8个国家扶贫开发工作重点县，贫困发生率较高，贫困程度较深，致贫原因多样，是典型的"贫中之贫、坚中之坚"。面对沉重的贫困压力和复杂的环境条件，内蒙古自治区党委、政府直面现实，始终将保障和改善民生、减少贫困人口作为工作的重中之重，努力缩小贫富差距，激活贫困地区的发展动力。"全面建成小康社会，少数民族一个都不能少，一个都不能掉队"，这是自治区党委对各族人民的庄严承诺。2020年3月5日，内蒙古自治区宣布所有贫困旗县脱贫摘帽，历史性地解决了绝对贫困问题，与全国一道共圆小康梦、迈上新征程。

内蒙古各族人民继承和发扬了热爱自然的精神。内蒙古拥有无边的大草原、辽阔的戈壁滩、壮丽的兴安岭，这些美丽的自然景观吸引了无数人的目光。这里有最湛蓝的天空、最清新的空气、最清澈的水源。草原是大自然赋予人类的宝贵礼物，它不仅是天然的牧场，也是防止沙漠化的重要绿色屏障。绿色是内蒙古的基调，生态建设是内蒙古肩负的责任和使命。20世纪末，由于干旱少雨、鼠虫等自然灾害以及超载放牧、滥垦滥伐等人为因素，曾经绿草如茵、畜群如云、毡包点缀、河流蜿蜒的草原风光一度面临严重威胁。进入21世纪，内蒙古加快了重大生态修复和建设工程的实施，不断强化对环境问题的整治，使曾经的黄沙之地变成了茂密的林海和草原。通过努力，内蒙古致力于"打造祖国北疆亮丽风景线"，将草原、森林、沙漠、雪原、湖泊和湿地变成了生态宝地。

　　内蒙古各族人民继承和发扬了开放包容、互利互惠的精神。随着"一带一路"倡议不断深入推进，毗邻俄罗斯和蒙古国的内蒙古利用地理优势，积极构建开放平台，展现了沿边地区的开放魅力。在4200多公里的边境线上，一系列现代化的沿边开放口岸如珍珠般点缀着祖国的北疆，敞开了向北开放的大门。内蒙古还利用其独特的地理位置——毗邻八省区，横跨东北、华北和西北，靠近京津冀、东北等重要市场和出海口——形成了北上南下、东进西出、内外联动的全方位开放新格局。多年来，内蒙古不断推动教育、医疗、科技等领域的国际交流与合作，不断增进相互了解，深化了各国之间的友谊。内蒙古拥有广袤的土地和便捷的交通，以开放的姿态迎接来自五湖四海的宾客，实现经济、社会等多个层面的互利共赢。正如雄鹰翱翔于蓝天，江河奔流入海，内蒙古各族人民正以更加开阔的视野，积极融入国家乃至全球发展的开放大格局中。

　　在辽阔的内蒙古大地上，各族人民留下了丰富的文化印记，共同创造了灿烂的北疆文化。蒙古马精神是北疆文化的重要组成部分，也是中华民族优良传统道德的一部分。在弘扬蒙古马精神的同时，我们还需深入挖掘和阐释其内涵，努力培育这一精神。中华民族优良传统道德是在长期的历史积淀中形成的，但它并非静止不变，而是随着实践的发展而不断丰富和完善的。因此，我们应当结合时代发展和社会进步的要求，不断为中华民族精神注入新的活力和元素。

（四）凝心铸魂：蒙古马精神彰显社会主义核心价值观

社会主义核心价值观是社会主义先进文化的精髓，是当代中国精神的集中体现，凝结着全体人民共同的价值追求。习近平总书记指出，"把培育和弘扬社会主义核心价值观作为凝魂聚气、强基固本的基础工程"，"使之像空气一样无处不在、无时不有，成为全体人民的共同价值追求，成为我们生而为中国人的独特精神支柱，成为百姓日用而不觉的行为准则"。必须通过教育引导、舆论宣传、文化熏陶、实践养成、制度保障等，使社会主义核心价值观内化为人们的精神追求，外化为人们的自觉行动。蒙古马精神体现了社会主义核心价值观国家层面的基本要求，是中国精神的重要组成部分，也是社会主义意识形态的重要组成部分。社会主义意识形态包含许多内容，如社会主义核心价值观、中国梦、中国特色社会主义共同理想、民族精神、时代精神等。我们应当认识到，这些不同的社会主义意识形态要素在内在上统一于中国特色社会主义改革发展的目标，即精神的凝聚。同时，这些意识形态要素各自具有独特的文化侧重点。因此，在研究中国精神时，我们应进一步探讨它与社会主义意识形态领域内其他要素的相互关系，明确中国精神的内涵和外延。

蒙古马精神、社会主义核心价值观、中国梦三者之间存在着紧密的内在联系。所谓价值观，是指"人民的社会信念、人生信仰、政治理想、道德追求、生活原则等，是人们的价值信念、价值标准和价值理想的综合体系，是人们利益、需要、心理和行为的内心定向系统"①。在党的十八大提出的 24 字社会主义核心价值观中，富强、民主、文明、和谐是国家层面的价值目标，自由、平等、公正、法治是社会层面的价值取向，爱国、敬业、诚信、友善是公民个人层面的价值准则。历史上，马作为重要的交通工具和人类的伙伴，对于文明的交流与传播起到了重要的推动作用，它不仅是中国人民物质生活的重要组成部分，更是中华民族精神文化的重要依托。蒙古马精神不仅是实现中华民族伟大复兴中国梦的重要精神底蕴，也是推动各族人民团结奋斗的坚定信念，并且深刻体现了新时代社会主义核心价值观的价值追求。

内蒙古是北疆文化的主要发祥地和承载地，蒙古马精神是草原文化的重要组成部分。内蒙古历史悠久，历史上有多个少数民族在此地繁衍发展。他们在阿拉善、鄂尔多斯、乌兰察布、苏尼特、察哈尔、乌珠穆沁、乌拉特、巴林、科尔沁、

---

① 袁贵仁：《价值观的理论与实践：价值观若干问题的思考》，北京师范大学出版社 2006 年版，第 18 页。

呼伦贝尔等广阔的草原上，上演了无数传奇故事，孕育出自强不息、开拓进取、吃苦耐劳、豪迈刚健、兼收并蓄、注重诚信的北疆文化。

北疆文化是北疆各民族持续发展、勇往直前的精神支柱，同时也是中华优秀传统文化的重要组成部分。蒙古马精神根植于北疆文化的丰厚土壤之中，成为北疆各族人民吃苦耐劳、一往无前精神的生动体现。作为中国马文化的重要组成部分，蒙古马精神是社会主义核心价值体系精髓的具体体现，也是社会主义先进文化的生动展示。蒙古马精神与社会主义核心价值观倡导的"爱国、敬业、诚信、友善"高度契合，体现了全民族奋发向上、团结和睦的精神追求。

蒙古马精神是实现各族人民团结奋斗的坚定信念。团结奋进精神是蒙古马精神的重要组成部分。1986年11月9日，邓小平会见日本首相中曾根康弘时指出："最重要的是人的团结，要团结就要有共同的理想和坚定的信念。我们过去几十年艰苦奋斗，就是靠用坚定的信念把人民团结起来，为人民自己的利益而奋斗。没有这样的信念，就没有凝聚力。没有这样的信念，就没有一切。"中国共产党的最高理想是实现共产主义。在不同的历史阶段，党都有代表那个阶段最广大人民利益的奋斗纲领。当前，我国各族人民的共同理想是建设中国特色社会主义，把我国建设成为富强、民主、文明、和谐、美丽的社会主义现代化强国。这一理想体现了个人利益、集体利益与国家利益的有机统一，集中了我国工人、农民、知识分子以及其他劳动者、爱国者的共同利益和愿望，是现阶段全国人民的奋斗目标和精神动力。为了实现这一共同理想，应当鼓励和支持一切有利于解放和发展社会主义社会生产力的思想道德，一切有利于国家统一、民族团结、社会进步的思想道德，一切有利于追求真善美、抵制假恶丑、弘扬正气的思想道德，一切有利于履行公民权利与义务、用诚实劳动争取美好生活的思想道德。这才能团结一切可以团结的力量，动员最广大的人民群众，万众一心，实现建设中国特色社会主义的宏伟目标。蒙古马精神，以其吃苦耐劳、一往无前、团结奋进、开放包容的特质，能够凝聚和激励广大人民，成为实现各族人民团结奋斗的坚定信念。

弘扬蒙古马精神对于推动内蒙古培育践行社会主义核心价值观，守好少数民族美好的精神家园具有重要意义。习近平总书记强调，"我们要大力培育和弘扬社会主义核心价值体系和核心价值观，加快构建充分反映中国特色、民族特性、时代特征的价值体系，努力抢占价值体系的制高点"。"坚守我们的价值体系，坚守我们的核心价值观，必须发挥文化的作用"。2014年1月考察内蒙古时，习近平总书记提出"守好内蒙古少数民族美好的精神家园"的殷切期望。守好少数民族精神家园就是要求我们传承和发展好各族人民共同创造的优秀民族文化，保护和维系好民族文化的基因和血脉。只有深入挖掘和阐释传统文化，才能充分发挥文化的作用，进而培育和弘扬社会主义核心价值观，守好少数民族美好的精神家园。北疆文化作为北疆各族人民生生不息、勇往直前的精神动力，它不仅具有鲜明的中国特色、民族特色，还蕴含着时代特征。蒙古马精神深植于北疆文化的沃土之中，拥有深厚的历史积淀和丰富的内涵，体现了内蒙古各族人民艰苦奋斗、开拓进取的时代精神。这种精神具有强大的凝聚力，与社会主义核心价值体系中的民族精神和时代精神相辅相成。因此，积极培育和弘扬根植于草原文化、具有独特民族特色和广泛群众基础的蒙古马精神，对于内蒙古各族人民践行社会主义核心价值观具有重要的促进作用，对于内蒙古精神文明建设具有重要意义。

弘扬蒙古马精神对于凝聚民族力量、振奋民族精神具有重要意义。内蒙古自治区成立以来，特别是改革开放以来，内蒙古的经济社会取得了快速发展，经济实力显著增强，人民生活水平有了很大提升。但是我们应当清楚地认识到，相比于其他省市，内蒙古在卫生、医疗保障、教育、文化、物质生活水平等方面还相对落后，属于欠发达地区的区情没有改变，改革发展中还存在这样或者那样的问题。在新的发展阶段，内蒙古提出生态优先绿色发展思路，努力打造祖国北疆亮丽风景线。面对这样的基本区情和奋斗目标，我们认识到未来的路必将充满各种挑战和风险。这要求我们必须动员和凝聚全区各族人民的力量，必须大力弘扬不畏艰险、坚韧不拔、知难而上的精神。正如古语所说："大鹏之动，非一羽之轻也；骐骥之速，非一足之力也。"积极倡导和弘扬锐意进取、勇往直前的蒙古马精神，将极大地凝聚各族干部群众的智慧与力量，激励和鼓舞他们振奋精神、努力奋斗，推动民族地区的经济社会发展水平不断提升，人民的生活水平持续改善，推动各民族共同进步，从而确保边疆地区的持续发展和稳定。

弘扬蒙古马精神对于增强人民的使命意识、强化责任担当具有重要意义。"天地生人，有一人应有一人之业；人生在世，生一日当尽一日之勤"。今天，我们所处的社会环境、时代环境都发生了重大变化，我们拥有的生产和生活条件与过去相比都有了显著提升。在这种情况下，能否继续发扬艰苦奋斗、无私奉献的光荣传统，是对我们当代人尤其是党员干部的严峻考验。近年来，有的干部受资产阶级腐朽思想和生活方式的影响，忘记了全心全意为人民服务的宗旨，忘记了艰苦奋斗精神，追求享乐，贪图安逸，不思进取，甚至以权谋私，违法乱纪，严重败坏了党风和社会风气。主要表现为以下几个方面：一是部分党员干部信仰缺失，责任感不够。二是部分党员干部作风建设不到位，"四风"问题严重，很大程度削弱了党在人民心中的威信。三是干部选拔聘用机制不透明，存在暗箱操作、削弱政府职能的现象。这种状况如果任其发展下去，不但我们的党会变质，中国特色社会主义的伟大事业也会半途而废。针对这种情况，党中央一直在全党范围内开展党的群众路线教育实践活动，目的就在于引导和教育广大党员干部深刻认识"四风"之害，正确认识建设中国特色社会主义的长期性和艰巨性，希望党员干部继续发扬艰苦奋斗精神，保持优良的工作作风，积极推进各项事业的全面发展。而在这样的环境下，大力弘扬蒙古马精神，不仅能有力纠正当下一部分人"思想缺钙、精神萎靡、作风蜕变"的问题，更有助于增强广大干部群众爱岗敬业、尽责思为的责任意识，增强脚踏实地、甘于奉献的公仆意识，增强励精图治、勇于担当的奋进意识，激励各族干部群众积极投身于内蒙古改革发展的伟大实践中，为把祖国北疆这道风景线打造得更加亮丽贡献自己的力量。

弘扬蒙古马精神是构建社会主义核心价值观的重要途径。蒙古马精神深植于北疆文化，反映了北疆人民深层次的精神追求，其内涵完全符合内蒙古社会主义核心价值观品牌化建设的要求，即地域性、民族性、时代性和实践性。内蒙古在政治、经济、文化等方面与其他省区存在差异，因此在践行社会主义核心价值观的过程中，应将蒙古马精神塑造成一个特色品牌。为了发掘、培育具有明显地域和民族特色的品牌，我们必须紧密联系内蒙古的实际情况，深入挖掘北疆文化的精神养分，并结合时代精神进行创新性阐释，使北疆文化与现代文化相适应，实现传统民族文化与先进价值观念的有机结合，使蒙古马精神与社会主义核心价值观更加和谐统一。

蒙古马精神蕴含着民族性、普遍性和时代性的特点。要弘扬蒙古马精神，必须根植于其独特历史文化积淀，对蒙古马精神的发展历程和文化根源进行系统的梳理与深入挖掘。同时，我们还需将这一精神与时代精神紧密结合起来，不断为其注入新的时代内涵。这样，蒙古马精神将更具时代感和感染力，在中国特色社会主义新时代焕发出新的理论活力和生命力。早在 2009 年，内蒙古就立足于民族地区实际，结合时代发展要求，创造性地提出了社会主义核心价值体系目标化、系统化、品牌化建设的总体思路。内蒙古按照这一思路积极探索，取得了多方面的实践经验和显著成就，推出了"三带三创"理论品牌、"中国梦·尽责圆梦"实践品牌、"活力内蒙古"网络宣传品牌等。2014 年，自治区党委办公厅发布了《关于培育和践行社会主义核心价值观的实施意见》，明确将目标化、系统化、品牌化作为全区培育和践行社会主义核心价值观的总体要求，并建立了较为完善的落实机制。习近平总书记提出的蒙古马精神，更是为内蒙古增强社会主义核心价值观品牌化指明了方向。推动社会主义核心价值观品牌化建设，需要将培育和践行社会主义核心价值观更深入地融入国民教育和精神文明建设的每一个环节，并将其贯穿于改革开放和社会主义现代化建设的各个层面，从而更好地弘扬蒙古马精神，坚定不移地沿着中国特色社会主义道路前进，为实现中华民族伟大复兴的中国梦贡献力量。

（五）文化润区：蒙古马精神凸显北疆文化的鲜明特质

北疆地区自古以来便是多元文化交融的沃土。这片辽阔的土地不仅孕育了丰富的自然资源，更孕育了独特而深厚的北疆文化。北疆文化是具有内蒙古特质的地域性文化品牌，蒙古马精神作为北疆儿女坚韧不拔、勇往直前的精神象征，凸显了北疆文化的鲜明特质。

1. 北疆文化的提出及内涵内涵

（1）北疆文化的提出

习近平总书记在对内蒙古的重要指示精神中，多次讲到"北疆"这个概念，比如"内蒙古地处祖国北疆"，"把祖国北疆这道风景线建设得更加亮丽"，"筑牢祖国北疆安全稳定屏障"，"在祖国北疆构筑起万里绿色长城"，等等。

在 2023 年 6 月召开的文化传承发展座谈会上，习近平总书记强调，在新的起点上继续推动文化繁荣、建设文化强国、建设中华民族现代文明，是我们在新时代新的文化使命。要坚定文化自信、担当使命、奋发有为，共同努力创造属于我们这个时代的新文化，建设中华民族现代文明。2023 年 10 月，习近平总书记对宣传思想文化工作作出重要指示，强调着力赓续中华文脉、推动中华优秀传统文化创造性转化和创新性发展。

沿着习近平总书记指明的前进方向，在深刻领悟习近平文化思想 11 个方面重大创新观点和 16 个方面战略部署，深刻把握中华文明的突出特性，深刻领会"两个结合"的重大意义，更好担负起新的文化使命的基础上，内蒙古自治区党委深入贯彻习近平总书记对内蒙古的重要指示精神，以习近平文化思想为统领，围绕在新的历史起点上继续推动文化繁荣、建设文化强国、建设中华民族现代文明这一新的文化使命，坚定文化自信自强，把握文化发展规律，紧密结合实际，提出打造"北疆文化"品牌，努力书写中华民族现代文明的内蒙古篇。

自治区党委十一届六次全会审议通过了《内蒙古自治区党委关于全方位建设模范自治区的决定》，要求打造以各民族交往交流交融、守望相助、共同弘扬蒙古马精神和"三北精神"、铸牢中华民族共同体意识为基本内容的"北疆文化"

品牌。打造这一具有内蒙古特质的地域性文化品牌，就是要完整准确全面践行习近平文化思想，进一步传承发展中华优秀传统文化，不断用最新的马克思主义理论成果丰富和发展文化血脉，坚守文化根脉，顺应时代发展，融多元为一体、汇古今为一脉，让根植在北疆大地上的优秀文化在新时代活起来、火起来，为提升内蒙古正面形象提供有力支撑，为各民族人心凝聚、团结奋进锻造强大精神纽带，在建设中华民族现代文明中贡献内蒙古力量、展现内蒙古担当。

（2）北疆文化的内涵要义

北疆文化是中华文化的重要组成部分，是内蒙古地区各族人民在中华民族大家庭中交往交流交融，守望相助、心手相牵，共同建设伟大祖国、共同守卫祖国边疆、共同创造美好生活，形成融红色文化和草原文化、农耕文化、黄河文化、长城文化等于一体，以铸牢中华民族共同体意识为主线，以爱国忠诚奉献为核心理念，以共同弘扬蒙古马精神和"三北精神"为精神标识的地域文化。

北疆文化是在中华优秀传统文化的滋养下，在红色文化和社会主义先进文化浇灌下孕育而成的，涵盖了目前内蒙古所有的文化类型，是内蒙古大地上各种优秀文化的系统集成，体现出较为鲜明的地域特点。具体来说，北疆文化包含四个方面的基本内容：一是各民族交往交流交融。这是推动中华民族发展进步的不竭动力。一部内蒙古地区发展史就是一部多民族交往交流交融史，多民族、大融合的特点在内蒙古大地上极其鲜明。二是守望相助。这是习近平总书记在考察内蒙古时提出的重大理念，精辟概括了内蒙古地区各族人民手拉手、心连心的优良传统和生动实践。三是蒙古马精神和"三北精神"。这寄托着习近平总书记对内蒙古的深情勉励，是内蒙古各族人民最鲜明的精神标识。四是铸牢中华民族共同体意识。这是内蒙古各项工作的主线，推进文化建设要始终着眼于巩固中华民族共同体思想基础。

（3）北疆文化的精神标识

蒙古马精神根植于内蒙古大地上各民族交往交流交融的历史与现实，生动展现了北疆大地厚重的历史文化和丰富的人文资源，是内蒙古各族人民艰苦奋斗、不屈不挠、永不言败、奋力拼搏战胜一切困难的精神力量。蒙古马精神体现了中国共产党领导下内蒙古各族人民将马克思主义基本原理与内蒙古具体实际相结合，与中华优秀传统文化相结合的实践探索，是伟大建党精神在不同时空、不同地域的内容呈现和生动诠释。蒙古马精神的形成与发展继承了伟大建党精神中鲜明的政治品格，彰显了以爱国主义为核心的民族精神和以改革创新为核心的时代精神，是建设亮丽内蒙古的精神动力。蒙古马精神是内蒙古各族人民在长期历史实践过程中形成的宝贵精神财富，是中国共产党人精神谱系和中华民族精神的有机组成部分，彰显了北疆儿女在长期生产生活中极具生命力、积极向上、不畏艰辛、久久为功的光辉形象。

大力弘扬蒙古马精神是打造具有内蒙古特质的地域性文化品牌的基本内容之一，是坚定文化自信，推动内蒙古文化事业繁荣发展的现实需要。蒙古马精神是内蒙古各族人民最鲜明的精神标识，承载了北疆儿女在建设中华民族共有精神家园过程中开展的精神活动、创造的文化成果，是各民族禀赋和意志在伟大斗争中的历史表达、时代体现，是中华优秀传统文化、红色文化、社会主义先进文化的赓续传承，为北疆文化提供了丰厚的精神滋养，充分彰显了北疆文化的鲜明特质。

2. 文化润区，凸显精神标识

文化润区，就是全面打造"北疆文化"品牌，用北疆文化涵养内蒙古各族干部群众的精神世界。具体来说，要用中华优秀传统文化、红色文化、社会主义先进文化和中国特色社会主义文化以及具有内蒙古地域特色的北疆文化滋养内蒙古各族干部群众的灵魂，让广大干部群众始终坚守中华文化立场，坚定文化自信，自觉自信地做既有中国脸，又有中国味，还有中国心，更有中国魂的中国人。

文化润区，提升文化软实力，必须按照建设社会主义先进文化的总体要求，着力推动具有民族特色、地区特色的文化事业繁荣发展。文化具有地域性和民族性，只有深深植根于本土和本民族沃土的文化才具有旺盛的生命力。我们必须清醒地认识到以下几点：其一，清醒认识文化软实力的提升必须立足于本土文化，以发展繁荣本土文化为目标。丧失文化的"自我"也就意味着放弃了文化存在和发展的权利。内蒙古作为北疆文化的主要传承地区，提升文化软实力，要着力发展北疆文化。任何地区或民族的文化，在其发展进程中都要吸收借鉴不同文化成果，但是所有引进必须是为我所用，是在保持本土文化特色前提下的引进，必须以发展、创新本土文化为目标。我们今天探讨地区文化软实力问题的时候，决不能忽略本土文化自我完善、自我发展的能力与机制建设。在全球化、信息化背景下，一种文化如果没有自我完善和发展的能力，势必在激烈的竞争中处于弱势，也就无法形成文化凝聚力、影响力、感召力。其二，要对本土文化的长处和短处有一个客观、清醒的认识，扬长补短。北疆文化是内蒙古文化发展的根基。作为民族地区的文化，民族特色和地区特点既是内蒙古文化的个性，也是内蒙古文化的优势。然而，由于植根于传统生产方式和传统社会的土壤，北疆文化中的现代元素毕竟有限，特别是后工业社会和信息时代形成的元素刚刚开始融入，北疆文化的现代化可谓任重而道远。我们必须积极引进、消化当今世界一切先进的思想理论和科学技术，用以丰富、发展自己，这是提升文化软实力的要求所决定的。其三，必须充分发挥各族人民群众文化创新的积极性，不断提高民族文化的创新能力，以创新促发展。文化建设是面向未来的，创新能力是衡量文化实力与活力的尺度，是提升文化软实力的根本所在。文化创新就是要合理配置和充分利用现有的文化资源，用创造性思维生产出全新的文化产品，从内容到形式、从结构到功能、从体制到机制，实现全方位的创新，特别是要在理论创新和理念创新上下功夫。这是北疆文化与现代文明链接，对内增强凝聚力，对外增强吸引力、影响力和感召力，使内蒙古文化软实力大幅提升的关键所在。

蒙古马精神是北疆文化重要的精神标识，大力弘扬蒙古马精神是打造"北疆文化"品牌的重要抓手，是让文化润疆走实走深的落脚点。蒙古马精神体现了北疆儿女的坚韧和毅力。在这片广袤的土地上，人们与自然环境和谐共生。他们像蒙古马一样，面对生活的种种挑战和困境，从不轻言放弃，以顽强的意志和拼搏的精神去迎接每一个挑战。这种精神不仅塑造了北疆儿女的性格，也成为他们战胜困难、创造美好生活的强大动力。蒙古马精神还体现了北疆儿女的团结和协作。蒙古马不仅是运输工具，更是人们狩猎、游牧的重要伙伴。它们需要相互协作，共同面对各种挑战。这种团结协作精神在北疆儿女中得到了传承和发扬。无论是面对自然灾害还是社会挑战，北疆儿女都能够团结一心，共同应对，展现出强大的凝聚力和向心力。

与此同时，在北疆文化的浸润下，蒙古马精神也得到了进一步升华。它不仅成为北疆儿女的宝贵财富，也成为推动内蒙古经济社会发展的重要动力。在现代社会，北疆儿女将这种精神融入各个领域，无论是经济发展、生态建设还是文化传承，都能够看到蒙古马精神的影子。

改革开放40多年来，内蒙古的各项事业取得了前所未有的长足发展。但是，贯彻新发展理念，实现高质量发展的任务还很艰巨，面对的问题和挑战还很多。我们要充分认识文化对于经济建设和社会发展所起的精神支撑、智力支持的重要作用，弘扬北疆文化，增强文化软实力，以文化润区，为内蒙古的全面振兴，为中华民族伟大复兴作出新贡献。

第二章

蒙古马精神的时代内涵

　　"吃苦耐劳、一往无前，不达目的绝不罢休"这是习近平总书记对蒙古马精神的深刻总结和精辟概括。作为北疆文化精神标识的蒙古马精神蕴含着吃苦耐劳的奉献精神、一往无前的进取精神、不达目的绝不罢休的奋斗精神和守望相助的团结精神。习近平总书记对蒙古马精神的深刻阐释和反复强调，生动体现了党中央对内蒙古各族干部群众的深情厚爱，体现了对内蒙古各族人民在革命、建设和改革进程中所表现出的忠于职守、甘于奉献、吃苦耐劳、一往无前、团结奋进精神状态的充分肯定，也承载着习近平总书记对内蒙古各族人民团结奋斗、勇毅前行，在新时代全面建设社会主义现代化国家新征程上书写内蒙古发展新篇章的殷切期盼。进入新时代，蒙古马精神与以爱国主义为核心的民族精神和以改革创新为核心的时代精神紧密结合，其内涵不断丰富，成为各族人民守望相助、团结奋斗，打造祖国北疆亮丽风景线的强大精神力量，也成为中国式现代化建设的重要精神源泉。

一、根基所托：吃苦耐劳的奉献精神

　　当谈论蒙古马时，我们不只是停留在生物学上，更是在探索一种生存哲学。在辽阔的草原上，蒙古马无惧风雪，吃苦耐劳，适应干旱、寒冷和食物稀缺等艰苦环境，展现出一种生存智慧。因此，蒙古马的吃苦耐劳不仅是对抗逆境的生存哲学的具体体现，也是蒙古马精神的根基所在。

（一）荆棘载途：铸就蒙古马精神吃苦耐劳的本质特征

严酷的生存环境塑造了蒙古马耐寒、耐旱、耐力强的特质，它们勇往直前，勇敢面对猛兽和一切敌人的挑战。蒙古马精神吃苦耐劳的精神特质正是源自这种严酷环境的磨练。

自然地理环境是社会生存和发展永恒的、必要的条件，是人类生产生活和精神文化的自然基础。特定的地理环境塑造了特有的生产方式，而特定的生产方式又催生了相应的文化类型，文化发展的过程中伴随着精神特质的形成和提炼。俗话说，"百里不同风，千里不同俗"。各地地理环境的多样性，造就了各地不同的文化，这反映了文化对自然环境的适应性和选择性。蒙古高原位于亚洲大陆干旱和半干旱的内陆地区，其大部为古老台地，仅西北部多山地，东南部为广阔的戈壁，中部和东部为大片丘陵。平均海拔 1580 米。气候属于温带大陆性气候，干旱草原是其主要的植被类型。该地区夏季酷热、冬季严寒，风力强劲，常年干旱少雨，气温变化幅度大（从零下 40 多摄氏度到 40 多摄氏度）。在这样的环境中，蒙古马经过长期演化，逐渐形成了适应草原环境的特殊生理和心理素质。它们在恶劣的自然条件下生活，形成了顽强的生存意志和逆境适应能力。正是这种艰苦的生存环境使蒙古马练就了耐寒、耐粗饲、抗病力和持久力强等特性。同样，内蒙古广阔而多变的地理环境以及复杂的社会历史条件，使生活在这里的人们形成了适应性强、能够承受困难和挑战的性格。总的来说，蒙古马作为我国三大名马之一，以其超强的耐力著称。正是艰苦的生存环境塑造了蒙古马不畏严寒、抗病耐劳、善于长途奔跑、生命力强的特质。这种吃苦耐劳的蒙古马精神，经过历史的沉淀和实践的锤炼，已经融入北疆儿女的血脉中，成为中国精神的核心要素。

（二）敢于斗争：体现蒙古马精神吃苦耐劳的奋斗精神

在人类历史长河中，那些具有吃苦耐劳品质的奋斗者始终闪耀着耀眼的光芒。他们无惧困难，勇往直前，凭借汗水和努力书写了属于自己的辉煌篇章。这种吃苦耐劳的奋斗精神，不仅是个人成功的关键，更是构筑人生坚实基础的重要因素。蒙古马以不屈不挠的斗争精神而著称，同时也展现了吃苦耐劳的奋斗精神。它们天生勇猛，勇于面对草原上的诸多挑战。每一次挑战都是一场严峻的考验，但蒙古马从不畏惧，从不退缩。在辽阔的草原上，它们如风般奔跑。它们的形象如同斗争的旗帜，在草原上高高飘扬，充满希望与勇气，激励着人们不断挑战自我，追逐梦想。

2020年1月，习近平总书记在"不忘初心、牢记使命"主题教育总结大会上强调："我们讲的斗争，不是为了斗争而斗争，也不是为了一己私利而斗争，而是为了实现人民对美好生活的向往、实现中华民族伟大复兴知重负重、苦干实干、攻坚克难。"这不仅阐明了新时代弘扬中国共产党斗争精神的动因，而且为把握斗争精神的内在意蕴指明了方向。

知重负重的精神强调中国共产党科学把握、主动担当历史重任，以完成历史重任为己任的高度自觉精神，反映了中国共产党尊重历史发展规律、顺应时代发展趋势。"知重"即中国共产党基于对共产党执政规律、社会主义建设规律和人类社会发展规律的深刻理解，科学判断时代大势，清醒认识时代所赋予的历史重任。也正因为基于规律把握"知重"，"中国共产党一经成立，就把实现共产主义作为党的最高理想和最终目标，义无反顾肩负起实现中华民族伟大复兴的历史使命，团结带领人民进行了艰苦卓绝的斗争，谱写了气吞山河的壮丽史诗"①。苦干实干的精神强调中国共产党为完成历史重任真抓实干、反对空谈，坚持人民创造历史、劳动开创未

---

① 习近平：《习近平谈治国理政》第三卷，外文出版社2020年版，第11页。

来的积极作为精神，反映了中国共产党以实践为基础的新唯物主义立场和完成历史重任的路径选择。以马克思主义为指导的中国共产党一贯反对空谈和形式主义，强调"空谈误国、实干兴邦"，真抓实干、反对空谈贯穿于中国共产党百年斗争的全过程。

攻坚克难的精神强调中国共产党在完成历史重任的过程中以坚定的理想信念为支撑，敢于应对风险挑战，不惧奉献牺牲的迎难而上精神，反映了中国共产党敢于斗争、勇于斗争的鲜明品格。中国共产党领导人民进行百年斗争，历经无数艰难险阻。在斗争中，当面临劣势时，党能够保持乐观向上的精神面貌；遭遇重大挑战时，党展现出"越是艰险越向前"的勇气。这种坚定态度源于对马克思主义信仰的坚守和对共产主义理想的追求。

当前，中华民族正站在"两个一百年"奋斗目标的历史交汇点上，回望中国共产党领导中国人民的百年斗争历程，斗争精神激励着一代又一代中国共产党人和人民群众前赴后继，接续奋斗，战胜实现中华民族伟大复兴道路上的重重困难。瞻望全面建设社会主义现代化国家的壮丽前景，我们必须清醒地认识到新征程不会一帆风顺，必然潜伏着霸凌主义、单边主义、保护主义等带来的种种风险考验。中国共产党必须继续弘扬斗争精神，自觉增强斗争本领，敢于斗争，善于斗争，领导人民群众以百倍的信心迎战艰难险阻，书写中华民族伟大复兴的壮丽华章。

总的来说，吃苦耐劳的奋斗精神是实现成功的核心要素。它不仅使我们在逆境中保持坚定不移的信念，还能激发我们的潜力，使我们在追求高质量发展的道路上行稳致远。因此，我们应始终铭记这种精神力量，通过不懈的努力，书写内蒙古发展新篇章。

（三）担当奉献：彰显蒙古马精神吃苦耐劳的时代要求

中国传统观念中，吃苦耐劳的精神往往融合了农耕文化、儒家伦理和革命理想的多重价值。这一精神内涵强调牺牲个人利益、无私奉献、服务社会、勤俭节约和适度享乐。然而，随着改革开放和市场经济的快速发展，中国的经济环境发生了翻天覆地的变化，传统价值观也开始受到新理念的挑战。一方面，随着现代化和市场经济进程的推进，特别是生产力和科技的迅猛发展，中国从过去的"站起来"走向"富起来"，再到"强起来"。在新技术和新工具的广泛应用下，曾经必须忍受的艰辛和劳苦得到了缓解，吃苦耐劳精神逐渐弱化。另一方面，个人主义、功利主义、物质主义和消费主义逐渐上升，社会风气也在逐渐从崇尚吃苦耐劳转变为追求享乐和攀比。

在新时代，"吃苦耐劳"中"苦"和"劳"的内涵、意义都发生了变化，"吃"和"耐"的限度、方式和指向也发生了变化。今天的"苦"已不单指艰苦的环境，它已经延伸到更广阔的领域，包括更为复杂和深刻的社会、经济和技术层面的挑战。"苦"的形式不同，决定了"劳"的内容不同，因此，人们从以往的注重体力转变为注重"体力和脑力的创造性结合"。"苦"和"劳"的内涵、意义的变化，决定了"吃"和"耐"的限度、方式和指向的变化。在新时代，人们会"主动选择、积极参与""苦"，因为有重要的使命和责任，人们会积极寻找"苦"，并在"劳"中实现自身的人生价值；人们更加注重的是通过积极的态度和主动的行动来面对困境，而不是单纯地被动忍受；人们会主动地去寻找解决问题的方法和途径，通过努力和奋斗来改变自己的命运；人们不再仅仅追求表面上的忍耐和坚持，而更注重的是在困难面前能够保持坚韧不拔的信念和毅力，不怕苦、肯吃苦，不断克服内心的障碍，实现自我超越。甘于奉献、苦干实干正是蒙古马精神吃苦耐劳精神特质在新时代的体现。

在每一个特定历史时期，奉献精神总是与回答时代发展进程中的新问题联系在一起的。人生的真正价值在于奉献。在新时代，全社会积极倡导奉献精神，这基于社会主义的义利观，鼓励人们主动将国家和人民的利益置于首位，将个人利益与国家和人民的利益相结合，全心全意为国家和人民作贡献。习近平总书记多次强调："中华民族伟大复兴，绝不是轻轻松松、敲锣打鼓就能实现的。"一个政党、一个国家、一个民族的生存发展，需要千千万万个脚踏实地的行动者和默默耕耘的奋斗者。我们这个时代需要千千万万在平凡岗位上扎扎实实做好本职工作，将社会的整体利益和他人利益放在自己的心上，竭尽全力为社会、集体和他人服务、乐于奉献的人。在新时代新征程中，越是面临艰巨任务、严峻挑战，越需要发扬奉献精神。奉献精神往往具有最朴实的价值追求，心有大我、心有大爱、心有责任，方能赤诚奉献。在全社会大力弘扬奉献精神，就是要引导广大人民群众将吃苦在前、享乐在后、克己奉公、多作贡献的要求内化为识大体、讲奉献的价值追求和行动自觉，以坚定的理想信念和不懈的奋斗姿态，脚踏实地把每件平凡的事做好，书写建功新时代的绚丽篇章，凝聚起万众一心奋进新征程的强大力量。

综上所述，在新时代，吃苦耐劳的内涵、意义、限度、方式和指向都发生了重大变化。蒙古马精神吃苦耐劳的精神特质集中表现为勇于担当，甘于奉献，不怕苦、能吃苦，苦干实干；集中表现为以一种积极的心态去面对挑战，不断超越自我，实现个人的价值和目标，服务社会发展。

二、支柱所系：一往无前的进取精神

蒙古马展现的精神特质不仅体现在其坚韧不拔的生存本能上，更彰显了一往无前的进取精神。在辽阔的草原上，蒙古马不只是速度的化身，还代表着对自由的追求和对未知的探索。它们的奔跑不只是跟随风的脚步，更是对未知领域的勇敢挑战。这种一往无前的进取精神源于对广袤草原的向往，对自由生活的追求以及对未知世界的勇于探索，在每一次奔驰中，它们都在向着更远、更高、更美好的目标迈进，永不停歇。蒙古马的进取精神深植于北疆的历史与文化之中，激励着内蒙古各族儿女在面对挑战时不屈不挠，勇往直前。

（一）开拓进取：显示蒙古马精神一往无前的奋斗姿态

一往无前就是勇敢地一直向前，形容不把前进道路上的困难放在眼里，无所畏惧、毫不动摇地奋勇前进。在漫长的历史进程中，蒙古马精神一往无前的精神特质激励着内蒙古各族人民，同时也对整个中华民族产生了深远的影响。在蒙古马精神的影响下，内蒙古各族人民展现出了独特的开拓进取风貌。这种风貌贯穿于北疆文化之中，塑造了北疆儿女的骨气和气质。

近代以来，中国经历了百年的沧桑巨变，但勤劳勇敢的中国人民从未停止过开拓进取的步伐。中国共产党的诞生和壮大，开创了中国革命和建设的新纪元。无论是长征途中的艰难险阻，还是抗战时期的生死考验，中国共产党始终保持一往无前的奋斗姿态，领导全国人民进行了艰苦卓绝的斗争，最终赢得了革命的胜利，建立了中华人民共和国。改革开放以来，中国以惊人的速度崛起，成为世界第二大经济体。中国人民在党的领导下，坚持不懈地推进改革开放，开拓了中国特色社会主义道路，取得了举世瞩目的成就。在经济领域，中国不断推进市场经济改革，积极参与国际经济合作，加入世界贸易组织，推动全球经济的繁荣与发展。在科技创新方面，中国加大对科技研发的投入力度，取得了许多重大突破，成为全球科技创新的重要力量。在国际事务中，中国积极倡导和平、发展、合作、共赢的外交理念，为世界和平与发展事业作出了重要贡献。

当前，我国已经迈入全面建成社会主义现代化强国的第二个百年奋斗目标的新征程上，面临一系列新的挑战和机遇。党的二十大报告全面总结了过去 5 年工作和新时代 10 年的伟大变革，系统阐述了新时代坚持和发展中国特色社会主义的重大理论和实践问题，科学谋划了未来一个时期党和国家事业发展的目标任务和大政方针，要求全党"踔厉奋发、勇毅前行，为全面建设社会主义现代化国家、全面推进中华民族伟大复兴而团结奋斗"。蓝图已经绘就，号角已经吹响。面对新的使命任务，广大党员干部只有继续坚持和弘扬蒙古马精神，以踔厉奋发、勇毅前行的姿态，坚定历史自信，增强历史主动，科学把握面临的战略机遇和风险挑战，集中精力办好自己的事，坚定不移走好自己的路，才能战胜前进道路上的各种艰难险阻，在新时代新征程上书写中国式现代化建设新篇章。蒙古马以其独特的生存能力和强大的适应能力，成为开拓进取精神的象征。开拓进取是一种一往无前的奋斗姿态，它要求我们在面对困难和挑战时，不退缩、不逃避，勇敢地迎难而上。这种姿态不仅对个人成长和进步至关重要，对国家和民族的发展同样具有重大意义。

（二）改革创新：明确蒙古马精神一往无前的奋斗路径

一往无前既是蒙古马独特的价值体现，也彰显了以改革创新为核心的时代精神。新时代蒙古马精神一往无前的精神特质集中表现为与时俱进、锐意进取、勤于探索、勇于实践的改革创新精神。一往无前的精神激励我们勇敢追求梦想，不畏艰难，不怕失败。然而，在追求梦想的过程中，我们必须意识到，一往无前并不等于盲目冲动，更不意味着不计后果的冒险。真正的一往无前应该是有目标、有路径、有策略地坚定前行。习近平总书记指出："创新是一个民族进步的灵魂，是一个国家兴旺发达的不竭动力，也是中华民族最深沉的民族禀赋。"中华文明能够历经5000多年的历史变迁始终保持生机活力，得益于在中华优秀传统文化熏陶下形成的革故鼎新、与时俱进的精神气质。正如习近平总书记在2023年6月召开的文化传承发展座谈会上指出："中华文明具有突出的创新性，从根本上决定了中华民族守正不守旧、尊古不复古的进取精神，决定了中华民族不惧新挑战、勇于接受新事物的无畏品格。"

改革意味着什么？改革就是变革现状，不断创新，就是打破一些旧的条条框框，研究新问题，解决新问题。从某种意义上说，改革的实质就是进取，是第二次革命。邓小平同志曾经强调："没有一点闯的精神，没有一点'冒'的精神，没有一股气呀、劲呀，就走不出一条好路，走不出一条新路，就干不出新的事业。"①这表明大胆走、大胆闯、大胆试是一往无前、改革创新成功的重要经验，瞻前顾后、畏葸不前是阻碍前行的绊脚石。

---

① 中共中央文献研究室：《十三大以来重要文献选编》下，人民出版社1993年版，第435页。

在推动内蒙古经济社会高质量发展的新征途上，在推进中国式现代化的进程中，将蒙古马精神所蕴含的与时俱进、锐意进取、勤于探索、勇于实践的改革创新精神深深植根于现代化建设的每一步，既是战略选择，也是智慧体现。首先，改革创新精神在推进科技创新和产业升级中发挥着不可替代的作用。面对全球新一波科技革命和产业变革，内蒙古依靠改革创新的驱动力，不断突破技术瓶颈，加速产业结构转型升级，努力在新能源、新材料、信息技术等关键领域取得突破并走在前列。其次，在构建现代化经济体系的过程中，改革创新精神激励着全区各族人民攻坚克难，优化经济结构，扩大开放合作，提升区域经济发展的质量和效益。通过不懈努力，内蒙古逐步打造成为联通国内国际双循环的重要枢纽，推进经济全球化和区域经济一体化进程。再次，面对生态环境保护和建设的重大任务，改革创新精神鼓舞内蒙古人民坚持绿色发展理念，实施生态优先战略，勇于承担起建设美丽内蒙古的历史责任，努力实现人与自然和谐共生。最后，改革创新精神还在推进社会治理现代化，促进民族团结进步，提升人民生活质量等方面发挥着重要作用。它激发了全区人民的创造力和凝聚力，为构建更加公正合理的社会治理体系，打造共建共治共享的社会治理格局提供了强大的精神动力。

以中国式现代化全面推进中华民族伟大复兴，是党的二十大擘画的宏伟蓝图。从"四个现代化"到"全面现代化"，从"小康之家"到"共同富裕"，从"经济高速增长"到"高质量发展"，创造人类文明新形态，关键在于全面准确贯彻新发展理念，始终坚持改革创新。我们要深刻把握当代中国的实际问题，坚持以思想理论创新引领改革实践创新，以总结实践经验推动思想理论丰富和发展，实现理论创新和实践创新良性互动，在全面建设社会主义现代化国家新征程上不断推进理论创新、实践创新、制度创新以及其他方面创新，让党和国家事业始终充满创造活力，在新时代新征程上展现新气象新作为。

总之，一往无前是一种精神、一种态度、一种追求。要真正实现一往无前，我们必须明确目标、找到路径、坚定信念、制定策略。新时代蒙古马精神蕴含的以改革创新为核心的时代精神是贯穿改革发展全过程的强大精神力量，它的深刻内涵和实践价值对于激励全国各族人民共同奋斗、加快推进改革发展，实现经济社会高质量发展具有重要意义，这也体现了蒙古马精神所蕴含的中国精神的时代价值和深远影响。

（三）所向披靡：绘就蒙古马精神一往无前的奋斗蓝图

自古以来，蒙古马以其坚韧不拔、勇往直前的精神闻名于世。蒙古马穿越广袤的草原，跨越崇山峻岭，承载着北疆儿女的勇敢与智慧，缔造了无数传奇。如今，蒙古马精神在众多领域展现出无与伦比的力量，勾勒出一幅幅勇往直前的奋斗图景。在蒙古马精神一往无前精神特质的鼓舞下，中国共产党引领内蒙古各族人民奋勇前进，将祖国北疆这道风景线打造得更加亮丽。

在经济领域，蒙古马精神激励着人们不断开拓创新，攻坚克难。企业家们以蒙古马的毅力，面对市场的风云变幻，勇往直前，不断追求卓越。他们敢于冒险，敢于尝试，以坚定的信念和决心，不断拓展业务领域，实现企业的快速发展。正是这种蒙古马精神，让许多企业在激烈的竞争中脱颖而出，成为行业的佼佼者。"中国乳都"呼和浩特汇聚了伊利、蒙牛、盛健等一批知名品牌，规模化、现代化的千亿元级乳产业集群已然成形。全区各地着力发展优势特色产业和适度规模经营，推动农牧业产业化、品牌化。2021 年，全区实现粮食生产"十八连丰"，畜牧业生产"十七连稳"，粮丰、肉美、奶香的现代牧歌在草原上回响。祖国正北方天高地阔，边境绵长。20 个对外开放口岸如一颗颗明珠，镶嵌在 8000 多里的边境线上。内蒙古深度融入共建"一带一路"，历史上的"草原丝绸之路""万里茶道"变身为中蒙俄经济走廊的重要节点，成为国家西部陆海新通道的重要门户，我国向北开放重要桥头堡活力彰显。

在生态领域，内蒙古以不达目的绝不罢休的决心，坚持不懈保生态、治污染、促转型，全力打造祖国北疆万里绿色长城，包括"一湖两海"在内的全区自然生态环境有了明显改善，内蒙古不仅成为我国北方重要生态安全屏障，还是国人艳羡的"碳库"和"氧吧"。

在科技领域，蒙古马精神同样闪耀着光芒。科研人员以蒙古马的坚韧和毅力，不断探索科学的奥秘，为人类的发展进步贡献力量。他们不畏艰难，不惧失败，一次次突破技术瓶颈，取得重大科研成果。正是这种蒙古马精神，推动着科技不断创新，引领着人类走向更加美好的未来。

在体育领域，蒙古马精神更是运动员们的信仰。他们以蒙古马的勇气和毅力，挑战极限，超越自我。在赛场上，他们不畏强手，敢于拼搏，一次次创造佳绩，为国家争光。正是这种蒙古马精神，让运动员们在竞技场上展现出卓越的风采，赢得了世界的尊重和赞誉。

蒙古马精神坚韧不拔、勇往直前的精神特质不仅激励着个人奋斗，也推动着社会的进步和发展。它告诉我们，只要我们有坚定的信念、顽强的毅力、不屈的精神，就能战胜一切困难和挑战，实现自己的梦想和目标。

三、精髓所在：不达目的绝不罢休的奋斗精神

蒙古马并非只是草原上的奔跑者，更是心怀使命、顽强拼搏的守护者。它们的每一次驰骋都承载着一份源于内心深处的责任感和使命感，这份使命感根植于对辽阔草原的深情厚爱以及对主人、家族、部族和家园的坚定忠诚。它们深知，只有不断前行，才能寻找到更适宜的生存环境，才能忠实地履行作为家园守护者的职责。可以说，蒙古马精神所蕴含的不达目的绝不罢休的奋斗精神已经成为中华民族生命力的一部分。这种精神不仅流淌在蒙古马的血脉里，更是中华民族精神的象征。因此，蒙古马精神不仅象征着一种充满活力和进取的姿态，它还是一种生活的态度，体现了对草原和家园的深厚感情和坚定守护。蒙古马用行动告诉我们，只有坚定目标，才能在人生的征途上勇往直前，绽放出属于自己的光芒，谱写出属于自己的辉煌史诗。

（一）百折不挠：诠释蒙古马精神不达目的绝不罢休的韧劲

蒙古马是忠诚与勇敢的化身，一旦接到指令，便会无所畏惧地向着目标奋勇前进。蒙古族谚语"好马登程奔到头，

好汉做事做到头"，就是指一旦确定了明确的行动目标，便应当坚持到底，不可中途放弃。

蒙古马以其坚毅和忠诚闻名于世。成吉思汗时代，为了加强各地之间的联系，便于官吏、使节往来和传递信息、命令，他效仿当时中原的驿传制度，在管辖区域内设置了驿站，而承担驿站传输这一特殊任务的主角便是蒙古马。接到命令后，驿使们会立即骑上蒙古马，不分昼夜地赶路。这些蒙古马能够连续奔跑，迅速将驿使送达下一个驿站。即便在恶劣的气候条件下，或是穿越艰难的地形时，只要驿使对蒙古马发出指令，蒙古马便能准确地引领他们抵达目的地。[①] "马蹄踏处坚城破，战刀挥舞鬼神惊"，蒙古马不仅在赛场上表现出色，在战场上同样勇猛无畏。它们会根据骑手的指令，全力以赴地冲向终点，为了骑手的荣耀不惜拼尽最后一丝力气。在骑手受伤或醉酒的情况下，蒙古马依然会温顺地将他们安全带回家。面对危险时，蒙古马甚至愿意牺牲自己来保护骑手。在战场上，蒙古马始终展现出无与伦比的勇气和决心。它们在二战和中国解放战争中的表现，同样证明了它们不达目的绝不罢休的决心。蒙古马不仅是战场上的英雄，也是忠诚的化身。

---

① 参见陈永国："试论马在古代蒙古社会中的地位和作用"，载《黑龙江民族丛刊》2013 年第 2 期。

中国共产党自成立以来，始终保持百折不挠的韧劲，是对蒙古马精神不达目的绝不罢休的韧劲的最好的诠释。韧性，最初是指物体受到外力冲击时变形但不易折断的属性，后引申为对事物顽强持久的精神特质。中国共产党历经100多年的风雨历程，面对各种困难和挑战，始终坚守初心，勇往直前。这种韧性的根源在于中国共产党能够在面对内外压力时持续生存、发展并逐渐走向成熟：对外能够及时适应快速变化的客观环境；对内能够克服自满、懈怠等不利因素，展现出强大的适应性、抵抗力和恢复力。在时间维度上，中国共产党展现出了持久的稳定性；在空间维度上，中国共产党能够保持相对的恒稳性，这是衡量其韧性的关键指标。简而言之，中国共产党之所以能够保持这种韧性，主要归因于其崇高的信仰信念支撑、一以贯之的强烈的忧患意识、不断进行自我革命的勇气、勤于学习善于学习的本领以及超强的凝聚人民及社会共识的能力。

信仰信念的执着和坚定是中国共产党保持韧性的精神支撑。"万物得其本者生"，"本根不摇则枝叶茂荣"。对马克思主义的信仰，对社会主义和共产主义的信念，是中国共产党的本和根，是中国共产党的精神支柱，是炼就"金刚不坏之身"、保持韧性的重要法宝。在中国共产党100多年的奋斗历程中，一代代共产党人不惜流血牺牲，追求民族独立和人民解放、幸福，靠的不是物质上的"营养品"，而是精神上"钙"的支撑。有了精神上"钙"的支撑，就能心胸宽阔、眼界高远，就能在逆境、困境甚至险境中不沉沦、不摇摆，保持韧性。实践表明，做到信仰和信念的笃定、笃行，什么力量也很难撼动，正所谓"土能浊河，而不能浊海；风能拔木，而不能拔山"。正因如此，习近平总书记提出这样一个重要论断："思想上松一寸，行动上就会散一尺"；"理想信念动摇是最危险的动摇，理想信念滑坡是最危险的滑坡"。

一以贯之的忧患意识是中国共产党保持韧性的思想支撑。世界上最可怕的敌人往往不是"他者"，而是自己本身。中国共产党在民族的苦难中诞育，在革命中成长，在建设、改革浪潮中成熟。中国共产党的发展史就是一部在危机中求生存、在逆境中求发展的历史教科书。忧患意识是使中国共产党保持韧性的重要主观因素，其意义在于：因为平常之时的居安思危、未雨绸缪而能防微杜渐、有备无患，从而能根深叶茂，长成参天大树。在现代社会，风险与人们如影随形。如果缺乏风险意识和危机感，就会丧失前行的动力，最终因难以应对困境而付出惨痛代价。中国共产党始终铭记"生于忧患，死于安乐"的古训，保持"愈大愈惧，愈强愈恐"的审慎心态，秉持"如临深渊、如履薄冰"的谨慎态度，不断克服面临的"四大考验""四种危险"，强调凡事从最坏处准备，力争不出现重大风险或在出现重大风险时扛得住、过得去。

不断自我革命的勇气是中国共产党保持韧性的动力所在。勇于并善于进行自我革命是中国共产党之所以能够保持韧性的一个重要原因，其价值在于：能靠自身的免疫力清除侵入肌体的病毒，能拿起手术刀刮骨疗毒、祛病疗伤，从而保持肌体的纯洁和先进。这种自我革命的勇气、魄力和能力是中国共产党区别于世界上其他政党的显著标志。实际上，任何一个组织在其成长过程中都会面临困境、遭遇挫折，关键在于如何从危中寻机以摆脱困境。有问题、有困境不可怕，可怕的是讳疾忌医不敢直面问题；可怕的是在困境面前束手无策；可怕的是虽然在一段时期解决了问题，但虎头蛇尾，从而导致已初步解决的问题再次陷入"耕怠者无获"的境地。贪污腐败是一些政党丧失韧性的重要症结。各种消极腐败现象是人民群众最痛恨的，对党同人民群众的血肉联系最具杀伤力。无论在民主革命时期，还是在社会主义建设、改革时期，中国共产党始终坚定不移惩治腐败，使自身肌体保持健康的良性运行状态。综观世界各国政党，真正像中国共产党这样能始终如一正视自身存在的问题并敢于向体内病灶"开刀"的，可以说少之又少。

中国共产党的韧性体现在很多方面，以上几个方面只是其中比较重要的部分。概括起来说，崇高的信仰信念支撑是价值基础，从理念深处为保持韧性提供理想"航标"；一以贯之的强烈的忧患意识是思想基础，从精神方面为保持韧性提供意念定力；不断进行自我革命的勇气确保了组织基础，从组织维度为保持韧性提供人才资源。这几个方面缺一不可并协同发生作用，是中国共产党始终保持韧性并永葆生机活力的奥秘所在。

（二）踏石留印：印证蒙古马精神不达目的绝不罢休的狠劲

"踏石留印""抓铁有痕"这两个成语，原指人们踏石、抓铁要留下印记、痕迹，形容做事不达目标不罢休，如果做就一定要做好的精神。这八个字是习近平总书记敢于负责、真抓实干、求真务实工作作风的最好诠释，凸显了一股力量，展现出一种刚强，凝聚着一份真情，展现了满腔正气。党的十八大以来，习近平总书记在多个场合强调"不达目的绝不罢休"的奋斗精神，强调"要把抓落实作为开展工作的主要方式，动脑子、想办法，拿出真招实招来，切实把党中央决策部署的各项任务一项一项抓好"；"要坚持真抓实干、狠抓落实，一切工作都要往实里做、做出实效，不好高骛远、不脱离实际，力戒形式主义、官僚主义"。

增强狠抓落实本领才能实现为民造福。为人民谋幸福，是我们党的初心，也是党的宗旨。要做到为民造福，就要有狠抓落实的本领。没有这种本领，为民造福的初心就不能转化为为民造福的成果，党对人民的承诺就难以兑现。中国共产党之所以强调增强狠抓落实的本领，是因为这直接关系到能否有效解决人民群众最关心、最直接、最现实的利益问题。在新时代的征程上，面对复杂多变的国内外环境以及人民日益增长的美好生活需要，我们党不仅要有为民服务的决心，更要有落到实处的能力。因此，广大党员干部要把抓落实的出发点和落脚点都放在为党尽责、为民造福上，这是对党员干部政治责任感和历史使命感的具体要求。更为重要的是，只有通过牢记党的宗旨，自觉增强狠抓落实的本领，才能确保党中央的方针政策和决策部署不折不扣地执行。习近平总书记强调，"抓落实必须牢固树立党的宗旨意识和正确政绩观"，深刻指出了提升落实能力的内在要求——强化和牢记宗旨意识与树立和践行正确政绩观。宗旨意识有多强，对为民服务的忠诚度就有多高，狠抓落实的自觉性和坚定性就有多强。这要求党员干部不仅要在思想上高度重视，更要在行动上狠下功夫，确保每项工作都能落到实处，每项服务都能触及民心。

增强狠抓落实本领才能实现党的自身建设目标。办好中国的事情，关键在党。党的十八大以来，中国共产党实施全面从严治党，成就斐然，但仍然任重道远。党的二十大报告指出："全党必须牢记，全面从严治党永远在路上，党的自我革命永远在路上，决不能有松劲歇脚、疲劳厌战的情绪，必须持之以恒推进全面从严治党，深入推进新时代党的建设新的伟大工程，以党的自我革命引领社会革命。"这是党中央立足新时代新征程对全面从严治党所作出的重大战略部署。实现党的建设的这一总目标，需要我们具备狠抓落实本领，抓好党的政治建设、思想建设、作风建设和反腐败斗争，把全面从严治党的各项要求一项一项地落到实处。全面从严治党，不仅是对党的纪律和规矩的要求，更是一种对党的未来和命运负责的态度。要做到这一点，就必须深化对全面从严治党规律的认识，不断提高政治判断力、政治领悟力、政治执行力，确保党始终成为中国特色社会主义事业的坚强领导核心。这其中，增强狠抓落实本领，不仅仅是对党员干部个人能力的要求，更是一种全党上下共同的行动指南，要求我们必须把党中央决策部署转化为具体行动，将理论学习成果应用到实践中去，用以推动党的自身建设和国家的各项事业发展。

增强狠抓落实本领才能扎实推进党的各项事业。一个行动胜过一打纲领。反对空谈、强调实干、注重落实，是我们党的优良传统。"落实"是知与行的贯通、理论与实践的结合。离开了落实，一切都是空谈。"狠抓"体现的是落实的态度和质量。抓而不紧，等于不抓；抓而不实，等于白抓。狠抓落实，就要有咬定青山不放松的韧劲、不达目的不罢休的拼劲，真正把各项工作落到实处、抓出成效。我们党之所以能够打赢脱贫攻坚战、全面建成小康社会，推动党和国家事业取得历史性成就、发生历史性变革，一个重要原因就在于以钉钉子精神抓部署、抓落实、抓督查，不获全胜决不收兵。事实反复证明，抓好落实，我们的事业就能充满生机；抓不好落实，再好的蓝图也只是镜中花、水中月。党的二十大明确了新时代新征程我们党的中心任务，就是团结带领全国各族人民全面建成社会主义现代化强国、实现第二个百年奋斗目标，以中国式现代化全面推进中华民族伟大复兴。面对新形势新任务，我们必须整体把握新时代新征程党和国家事业发展的目标任务、战略部署、重大举措，紧密结合本地区本部门实际真抓实干，务实功、出实招、求实效，善作善成，坚决杜绝口号式、表态式、包装式落实的做法。对当务之急，要立说立行、紧抓快办，不能慢慢吞吞、拖拖拉拉；对长期任务，要保持战略定力和历史耐心，坚持一张蓝图绘到底，滴水穿石，久久为功。要强化精准思维，坚持"致广大而尽精微"，做到谋划时统揽大局、操作中细致精当，以绣花功夫把工作做扎实、做到位。只要我们坚持实干兴邦、实干惠民，就一定能够把全面建设社会主义现代化国家的宏伟蓝图一步步变成现实。

（三）负重致远：展现蒙古马精神不达目的绝不罢休的干劲

历史发展是连续性和阶段性的统一，一个时期有一个时期的历史使命和任务，一代人有一代人的历史担当和责任。经过40多年改革开放，中国特色社会主义已经进入了新时代，处于新的历史方位。但成就巨大并不等于没有问题，并不能掩盖潜藏的各种风险和挑战。而且，在新的历史条件下实现新目标、完成新任务，更要面对许多新情况新问题，解决更多的矛盾和困难，应对更多的阻力和压力，付出更多的努力。蒙古马精神不达目的绝不罢休的精神特质，激励全国人民负重致远。干事创业就应该像蒙古马一样，有敢于取得胜利的勇气，坚持目标导向、结果导向，强化报账意识、交卷意识、成果意识，对定下来的事持续用力、久久为功，就算"头拱地"也要拿下来，不达目的绝不罢休。

回看内蒙古自治区成立70多年来的不平凡历程，在党中央的坚强领导和亲切关怀下，全区各族人民咬定青山不放松、脚踏实地接力干，祖国北疆大地发生了翻天覆地的历史巨变。

如果不是几十年如一日地推进经济建设，内蒙古就不会从一个"轻工业皮毛匠、重工业钉马掌"的边疆落后地区，变成数十种产品产量居全国前列的能源原材料和农畜产品基地；如果不是矢志不移地防沙治沙，内蒙古就不会创造出"人进沙退"、京津风沙源变首都"后花园"的奇迹；如果不是持续向绝对贫困发起冲锋，内蒙古就不会彻底解决区域性整体贫困问题，在新时代和全国一道圆了千年小康梦。没有不达目的绝决不罢休的坚定意志和劲头，就不会有内蒙古今天的繁荣景象和各族人民的幸福生活。这种精神是内蒙古人民的宝贵财富，也是推动社会主义现代化建设不断前进的强大动力。面对未来，在推进中国式现代化进程中，内蒙古肩负着更加重要的使命和任务。

五大任务是习近平总书记为内蒙古量身定制的行动纲领和战略定位，是内蒙古在中国式现代化大局中的重大责任和光荣使命。五大任务关系着国家生态安全、能源安全、粮食安全、产业安全、边疆安全，旨在推动内蒙古在全局中发挥更大作用，为实现中华民族伟大复兴的中国梦贡献力量。

构筑祖国北疆万里绿色长城，不仅是关乎生态文明建设的重要举措，也是维护国家生态安全的战略任务。内蒙古作为我国重要的生态安全屏障，肩负着防风固沙、水土保持等重要职责，是实现美丽中国梦想的关键区域。守好祖国"北大门"、建好首都"护城河"，这不仅是对内蒙古在国防安全上的高度信任，也是对其地理战略位置的充分利用。作为祖国的"北大门"，内蒙古在维护国家主权和边境安全中发挥着不可替代的作用。在新能源领域实现"两个率先"，即在新能源开发利用和新能源技术创新上走在全国前列，这是对内蒙古丰富的能源资源和科技创新能力的充分肯定，也是推进能源结构转型和建设清洁低碳、安全高效能源体系的重要任务。建设好国家"粮仓""肉库""奶罐""绒都"，这不仅充分发挥了内蒙古农牧业的传统优势，也体现了对内蒙古现代农业发展的殷切期望。通过科技创新和产业升级，内蒙古将在保障国家食品安全和提升农牧业竞争力方面发挥更大作用。打造全域开放平台，意味着内蒙古要在更大范围、更宽领域、更深层次上融入全球经济体系，通过开放引领改革，以改革促进开放，进一步提升区域发展的开放度和水平。

目标已经明确，使命催人奋进。新时代内蒙古各族人民要以习近平新时代中国特色社会主义思想为指导，像蒙古马一样咬定目标不松劲，坚持一天接着一天干，一月接着一月拼，一季接着一季赶，确保每年都能有新的进展、取得新的成效，不断开创内蒙古发展新局面，为实现中华民族伟大复兴的中国梦贡献更大力量。当然，不达目的绝不罢休的使命意识不仅仅是习近平总书记对内蒙古的嘱托，还是对全国各族人民的期待。牢牢把握以中国式现代化推进中华民族伟大复兴的使命任务是新时代新征程的新使命新任务。大道如砥,行者无疆。中国式现代化是一项前无古人的千秋伟业,必然会遇到各种风险挑战、艰难险阻甚至惊涛骇浪,不可能一帆风顺、轻轻松松。全国人民必须锚定目标、笃行实干、奋楫扬帆,全力战胜前进道路上的一切困难和挑战,奋力谱写中国式现代化新篇章。

四、灯塔所指:守望相助的团结精神

在辽阔的草原上,蒙古马群相互关照,共同面对挑战和风险,以坚定的步伐彰显团结的力量。在遭遇猛兽威胁或自然灾害时,蒙古马群密切协作,相互扶持,一起保护自己的家园和伙伴。这种守望相助的团结精神是它们生存的关键,也是维护草原生态平衡的重要保障。这不仅体现了群体间的默契,更体现了一种生存智慧,一种对团结协作的坚守。它们向我们展示了只有团结一心,才能共同面对生活中的挑战,创造更加美好的未来。这种团结精神深深植根于中华儿女的心中,无论是在日常生产劳动还是在抵御外来侵略的斗争中,中华儿女都展现出了齐心协力、众志成城的决心和勇气。

（一）扬蹄奋进：铸就蒙古马精神守望相助的群体智慧

蒙古马是一种群体性动物，它们一出生就跟随母马在马群里过着集体生活，失散多年的蒙古马都能准确识别它们的直系亲属。严酷的生存环境更是塑造了它们团结协作、相互包容的特质。这是因为要想在艰苦的环境中生存和发展，它们必须具备强烈的团队精神，善于协调配合；有较强的纪律意识，听从指挥；有奉献意识，不居功自傲。

蒙古马之间相互守望，共同应对来自外界的各种挑战。一方面，当面临狼等天敌的威胁时，蒙古马会围成一个紧密的圆圈，以保护群体中的幼马和弱马。蒙古马群体内部也有明确的分工，其中公马（儿马）视守护幼驹以及老弱病残免受狼等外来威胁侵扰为己任，无论发生什么情况，公马始终不离马群，其尽职尽责程度是其他畜类所不及的。另一方面，在寻找食物和水源时，蒙古马也会相互合作。它们有时会轮流领路，在草原上寻找水源和最佳牧场。在极端气候条件下，例如干旱时期，蒙古马依靠群体间的合作寻找水源。面对季节性的气候变化，马群会迁徙到更加适宜的地带，确保有充足的食物和水源供应。这种季节性迁徙更加需要群体内部高度的协调和合作，特别是在引领和保持群体一致性方面，而这也依赖于群体内部的复杂的社会结构。

蒙古马与牧马人之间相互守望，共同谱写和谐篇章。对于草原游牧民族来说，马不仅是供人乘骑的牲畜，一匹好马也可以是伙伴、是战友，甚至是知己。在古代，蒙古人每人至少要有一匹马，多则会有五六匹马。赵珙、彭大雅、徐霆等南宋使臣在目睹蒙地实况后撰写的关于蒙古地区的见闻录（游记）中多次提到蒙古马及其与北方游牧民族之间的特殊关系，描绘了蒙古人驯养蒙古马，人人骑马，孩童自幼学习骑马的生动场面。13 世纪，草原民族已熟练地掌握了驯马、养马技术，骑马和驯养马匹已成为当时人们日常生活的重要组成部分，形成了草原民族和蒙古马谁也离不开谁的特殊关系。《黑鞑事略》中记载："霆（指徐霆）往来草地，未尝见有一人步行者。其出军，头目骑一马，又有五六匹或三四匹自随，常以准备缓急，无者亦一二匹。"[①] 人人骑马，人人离不开马，这种依赖关系部分源自蒙古马对主人的深厚感情，它们在任何情况下都不离不弃，不会背离主人。人们在驯骑毛驴时，毛驴会把人摔向其蹄子，可能还会踩上一脚。但即使性情刚烈的蒙古马也不会把人摔向蹄子，只会把人摔落至马鬃所在的位置，骑乘者会顺着柔软的马鬃摔落到地上，而

---

① 转引自内蒙古地方志编纂委员会总编室：《内蒙古史志资料选编》第三辑，内蒙古地方志编纂委员会 1985 年，第 42 页。

且蒙古马也不会踩踏主人。从这一点就能看出蒙古马与其他动物的不同之处，这也是蒙古人钟爱蒙古马的主要原因之一。

蒙古马之所以如此忠诚，也有草原民族视马为朋友的原因。很多时候，草原民族生命中的喜怒哀乐与马有关，生活中发生的喜悦之事，他们会与马分享，马生命中的每一个重要时刻，他们会给它们送去关爱和祝福。马头是马最为尊贵的部位，因此，善良的牧民严禁打马头。他们还不准辱骂马，不准两个人骑一匹马，秋天抓膘期更不准骑马狂奔让马出汗。他们不仅不食马肉，偶尔杀马也是宗教仪式性的。《黑鞑事略》中记载："牧而庖者以羊为常，牛次之，非大宴会不刑马。"①对于多产母马，草原民族将其看作功臣，不许宰杀，并且在它的身上挂上彩带，以此表达对它们贡献的认可和尊敬；马死后，主人会对其进行土葬，以此表示对马的怀念；对久活的种公马更是关爱有加，不许与亲生母马相配，尊称其为"义马"；对立下战功的马，或为了求得"长生天"的保佑，许愿将坐骑撒群放牧；不再乘骑的马，举行仪式后，便成为"祀奉马"，敬之若神；在祭祀、饮宴时，常用套马杆、马奶酒表达一种圣洁的感情。②牧马人常说："为马刮一刮，刨一刨，

①　［宋］彭大雅、徐霆：《黑鞑事略》，中华书局 1985 年版，第 3 页。
②　参见塞音朝格拉："蒙古马——民族精神的寄托与象征"，载《青年时代》2014 年第 21 期。

胜似喂精料。"因此，马倌、骑手要随身携带刮马汗板、马刷子，随时为骑乘的马刷洗身子、刮除汗水，为马舒筋活血、放松肌肉、消除疲劳，这也是主人与马亲近、增强感情的方法。有经验的牧民会通过马的肢体语言了解马的情绪状态，对马作出相应的安抚：鼻孔张开表示兴奋或恐慌，打响鼻则表示不耐烦、不安或不满；上嘴唇向上翻起表示极度兴奋；眼睛睁大或瞪圆表示愤怒，露出眼白表示紧张恐惧，眼睛微闭表示倦怠；前肢高举扒踏物品或前肢交替撞地表示着急；尾巴高举表示精神振奋；等等。牧民会以各种名义定期举办那达慕，马在那达慕上扮演着重要角色。其中也有专门为一匹马举办的那达慕，这匹马一般是多次拿过冠军的老马、有功劳的马、骑了很久和人有感情的马、繁殖过众多好马的母马。那达慕上，通过正规的仪式给马以神圣的待遇——自由！牧民把自己驯养的马视为自己的家人，给予其极大的关心与爱护。而马也是通人性的，它会以相同的默契回报主人的关爱。正是如此，蒙古马才和人类建立了深厚的友谊，始终忠于主人，为主人鞠躬尽瘁、无私奉献。

蒙古马所展现的不畏艰难、勇往直前、团结协作的精神，铸就了中华民族坚韧不拔的性格。这种性格不仅在面对自然环境的挑战时显现出来，更在社会与文化层面表现为群体间的相互扶持与共同进退的智慧。在历史的洪流中，中华民族始终展现出强大的团结凝聚力和卓越的适应能力，各族人民通过相互支持和集体智慧，共同克服困难，从而确保了中华民族的生存与发展。

（二）团结一心：凝聚蒙古马精神守望相助的精神力量

中华民族的团结精神如同穿越时空的长河，汇聚点滴之力，终成浩瀚江海。它是激励中华民族在波澜壮阔的历史进程中持续前进的磅礴动力。这种精神根植于深厚的文化底蕴和强烈的民族意识，成为面对挑战、克服困难时不可或缺的精神支柱。从抵抗外来侵略的英勇斗争到面对自然灾害的坚韧不拔，从经济发展的艰苦奋斗到科技创新的不懈追求，每一次胜利都凝聚着中华儿女的坚定信念和勇敢行动。在这种精神的指引下，无论身处何方，无论面对何种困难，每一位中华儿女都坚信有中华民族的支持与鼓励。这种深切的集体认同感和强烈的团结意识，使中华民族能够汇聚成一股强大的力量，共同迎接各种内外挑战，携手迈向更加美好的未来。

回顾历史，我们可以清晰地看到，在捍卫国家统一和共同抵御外来侵略的过程中，中华民族展现出了坚定的团结精神。特别是在 1937 年"七七事变"后，中国共产党领导并建立了广泛的抗日民族统一战线。由各族人民组成的东北抗日联军、海南琼崖纵队、滇桂黔边区纵队、冀中及渤海回民支队、大青山抗日游击队，与全国人民一道，英勇斗争，为赢得抗日战争的胜利作出了不可磨灭的贡献。这种跨越地域、血缘和文化差异的团结合作，共同铸就了伟大的中华民族精神。守望相助是中华民族的传统美德，也是弥足珍贵的精神财富。它是民族团结的精神内核，使各民族形成了"谁也离不开谁"的血肉关系。

在 21 世纪的今天，中华民族团结一心的精神品质依旧是我们最为宝贵的精神财富，它以更加多元和广泛的形式得以体现。其中，精准扶贫工程就是一个生动的例子，凸显了中华民族在逆境中不畏艰难、共同进退的精神。精准扶贫工程是一场覆盖全国的大规模社会实践活动，其核心目标是通过国家、社会和个人的共同努力，帮助贫困地区和贫困群众摆脱贫困，实现共同富裕。工程实施期间，全国各地干部和志愿者深入最贫困的村落，与当地居民共同生活、共同劳动，了解他们的实际需求，帮助他们找到脱贫的方法。这些干部和志愿者中有的是来自城市的青年，有的是退休的老干部，他们放弃了舒适的生活，选择到最艰苦的地方去，体现了中华民族不畏艰难、敢于担当的精神。此外，随着科技的快速发展，中华民族的团结精神在科技创新中也得到了充分展现，中国的航天事业就是一个典型的例子。从"嫦娥"奔月到"天问"

探火，每一次航天任务的顺利完成都是无数科学家和工程师夜以继日、共同奋斗的结果。虽然他们来自不同的科研单位，但都有一个共同的目标——为中华民族的航天事业贡献自己的力量。这种跨越领域、团结协作的精神，不仅推动了中国航天事业的飞速发展，也让世界见证了中华民族的风采。在环境保护方面，中华民族的团结精神同样发挥了重要作用。面对日益严峻的环境问题，全国各地的人们开始行动起来，通过植树造林、清理河流、减少污染等方式，共同保护我们的生态环境。无数普通民众、环保志愿者、企业家和政府官员携手合作，展现了中华民族爱护自然、保护家园的责任感和使命感。可以说，中华民族团结一心、共克时艰的精神品质不仅仅体现为在大是大非面前的众志成城，更渗透在日常生活的方方面面，成为推动社会进步和民族复兴的不竭动力。

党的二十大报告中，"团结"被提升到了前所未有的重要地位，并被明确写入中心任务。这反映了党中央对中国发展历史中团结力量的高度重视，同时也为未来的发展方向提供了明确的指引。报告指出，"团结就是力量，团结才能胜利"，"团结奋斗是中国人民创造历史伟业的必由之路"，不仅总结了中国人民在过去取得的辉煌成就，更为未来的发展吹响了奋斗新征程的集结号。在新的历史时期，团结一心被赋予了新的时代内涵。它不仅仅是抵御外来压力的盾牌，更是推动科技进步、经济发展、社会和谐的强大动力。在未来的发展道路上，团结一心将激励中国人民不断创新、不懈努力，以实际行动书写新时代的辉煌篇章。

（三）同舟共济：构建蒙古马精神守望相助的精神家园

"同舟共济"这一古老而深刻的理念，不仅体现了中华民族在面对困难和挑战时的相互扶持，更是在漫长的历史进程中，共同构筑坚不可摧精神家园的重要象征。精神家园基于文化认同，是民族的文化寄托和精神归属，它包含了一个民族长期历史积淀形成的特有传统、习俗、精神和情感。在历史长河中，56 个民族在继承和发扬各自传统文化的同时不断创新，以共同的历史记忆和对共同理想的追求为基础，共同构筑了中华民族的精神世界。在新的征程上，中华民族应更加坚定文化自信，弘扬中华优秀传统文化，推动文化产业高质量发展，全面推进共有精神家园建设，为实现中华民族伟大复兴汇聚强大的精神力量。

新征程上构筑蒙古马精神守望相助的精神家园，就是要坚定中国特色社会主义文化自信，筑牢团结一心、众志成城的强大精神防线。中国特色社会主义文化源自中华民族 5000 多年文明历史所孕育的中华优秀传统文化，熔铸于党领导人民在革命、建设、改革中创造的红色文化和社会主义先进文化，植根于中国特色社会主义伟大实践，是激励全党全国各族人民奋勇前进的强大精神力量。没有社会主义文化的繁荣发展，就没有社会主义现代化，也就无法构筑好中华民族共有精神家园。党的十八大以来，中国特色社会主义文化建设成果丰硕，激发了海内外中华儿女万众一心、接续奋斗的热情。当前，各种思想文化交流交融交锋更加频繁，国际思想文化领域斗争更加深刻复杂，我们只有毫不动摇地坚持马克思主义在意识形态领域的指导地位，坚定中国特色社会主义文化自信，才能以开放包容的心态推进社会主义文化建设，抵御敌对势力的思想侵蚀，凝聚中华民族精神共识，筑牢强大精神防线。

新征程上构筑蒙古马精神守望相助的精神家园，就是要弘扬中华优秀传统文化，拓展中华民族共有精神家园的宽度与厚度。中华优秀传统文化是中华文明的智慧结晶和精华所在，是中华民族的根和魂，是我们在世界文化激荡中站稳脚跟的根基。中华优秀传统文化薪火相传、一脉相承，深深融入中华民族的血脉之中，是中华儿女共同的精神基因，是构筑中华民族共有精神家园的重要基础。中华民族共有精神家园植根于中华优秀传统文化的沃土之中，蕴含着各民族的优秀文化，是海内外中华儿女共同的情感寄托和精神归宿。因此，构建中华民族共有精神家园，必须大力传承和弘扬中华优秀传统文化，把亿万人民团结凝聚在党的周围，把一切力量都凝聚起来，把一切积极因素都调动起来，不断拓展中华民族共有精神家园的宽度与厚度，为了共同的目标团结奋斗。

新征程上构建蒙古马精神守望相助的精神家园，就是要推动文化产业高质量发展，促进中华民族共有精神家园繁荣兴盛。习近平总书记指出，"要推动文化产业高质量发展，健全现代文化产业体系和市场体系，推动各类文化市场主体发展壮大，培育新型文化业态和文化消费模式，以高质量文化供给增强人们的文化获得感、幸福感。"党的十八大以来，我国文化产业快速发展，总量规模稳步增长，产业结构优化升级，市场主体发展壮大，在促进社会经济结构转型升级和提质增效、满足人民精神文化生活新期待、巩固和坚定文化自信、增强中华文化影响力等方面发挥了重要作用。今天，我们必须坚持不懈推动文化产业高质量发展，坚持以人民为中心的创作导向，推出更多增强人民精神力量的优秀作品，培育造就大批德艺双馨的文学艺术家和规模宏大的文化文艺人才队伍；努力提升公共文化服务水平，积极打造文化惠民工程，开展各类文化活动，丰富人民的精神文化生活；积极推进对外文化传播，向世界推广更多具有中国特色、代表中国精神、蕴含中国智慧的优秀文化产品，不断扩大中华文化国际影响力；增强民族文化认同，多角度全方位展现中华文化共同性，充分彰显中华文化的独特价值和魅力；引导海内外中华儿女树立正确的历史观、民族观、国家观、文化观，厚植家国情怀，不断增强对中华民族共有精神家园的认同感，凝聚起奋进新时代的强大精神力量。

第三章

蒙古马精神的文化基因

作为中华文化宝库中的一笔宝贵财富，蒙古马精神植根于中华优秀传统文化的沃土中，融合了中华民族的公忠与民本精神、创造与革新精神、弘道与自强精神以及团结与和合精神，展现出了强大的生命力；在红色文化的熔炉中，蒙古马精神经过淬炼和锻造，与先烈的英勇无畏、不怕牺牲精神相融合，其内涵更加深刻；在社会主义先进文化的滋养下，蒙古马精神更是得到了新的发展和提升，它不仅是对传统文化的传承，更体现了面向现代化、面向世界、面向未来的文化自信和时代精神。从历史传统到现代文明，蒙古马精神从中不断汲取营养，成为激励内蒙古各族人民不断进步、创新、奋发向上的强大动力。

一、深厚底蕴：根植于中华优秀传统文化

中国，一个拥有悠久历史和深厚文化底蕴的国家，自古以来就吸引着世界的目光。5000 多年的中华文明史不仅见证了民族的兴衰更迭，也承载着世代相传的智慧与财富。在数千年的文明历史长河中，中华民族凭借其不屈不挠的意志、勇于探索的精神以及卓越的智慧，绘就了一幅波澜壮阔的历史长卷，并创造了与同期世界历史相比极为灿烂的物质与精神文明。蒙古马精神深深扎根于中华优秀传统文化中，彰显

了内蒙古各族人民不断自我超越、追求卓越的坚定意志。

（一）大公无私：中华民族公忠精神与民本精神的历史积淀

长期以来，在中国传统道德体系中，"忠"一直被视为至高无上的德行之一，被奉为"三纲"之首、"八德"之冠。但受传统礼教的影响，"忠"往往被局限于对君主的忠诚。事实上，"忠"的核心含义是个体对人和事物的全心投入和奉献。这不仅包括对上级的忠诚，也包括对平等主体的信任和忠诚，甚至还包括统治者对国家和民众的尽责与奉献。若超越狭隘的"忠君"观念，便会发现"忠"更深层地体现了一种为国家和人民服务的公忠精神。《左传·桓公六年》中载："所谓道，忠于民而信于神也。上思利民，忠也；祝史正辞，信也。"这表明治国理政的核心在于造福百姓，这是统治者应该坚守的职责与道德标准。《左传·襄公二十一年》中载："夫上之所为，民之归也。"这意味着只有统治者积极践行造福百姓的忠德，才能赢得人民的信任与支持，实现国家的长治久安。反之，"不亲于民而求用焉，人必违之"（《国语·周语上》）。这句话强调了如果统治者不顾民生而追求个人利益，必然会招致人民的反抗和背叛。因此，我们可以看出，"忠"并非仅限于对君主的忠诚，而是更广泛地涵盖了为国家和人民的利益着想、尽心尽力的公忠精神。

在中国传统政治伦理中，"忠"被视为治国安民的根本。《左传·襄公十四年》中载："忠，民之望也。"这句话反映了人民期待统治者以忠诚之心为民服务，"忠"被视为维护社会和谐与安定的基石。《忠经·天地神明章》中载："忠者，中也，至公无私。"这表明"忠"和"公"是相对于"私"而言的，忠心和无私是相辅相成的。在中国传统政治观念中，"公"与"私"、"忠"与"私"是水火不容的。如《韩非子·五蠹》中载，"自环者谓之私，背私谓之公"。这意味着"忠"与"私"是对立的，"公"与"私"也是对立的。《左传·文公六年》中载："以私害公，非忠也。"更进一步地强调了忠心是无私的表现。《左传·成公九年》中也有"无私，忠也"的说法，突显了忠心与无私的紧密联系。正是由于"公"与"忠"相同的价值追求，才形成了"公家之利，知无不为"的公忠观念。基于此，产生了公忠体国的爱国主义精神。在这种精神的感召下，中国历史上涌现出了一批又一批忠于国家社稷、忠于民族大义的仁人志士。比如，汉代苏武忠于故国，抵御外敌；宋朝岳飞虽冤死仍不改爱国之心；近现代的关天培、邓世昌、谭嗣同等都以血肉之躯诠释了公忠精神，为国家的独立和人民的幸福作出了巨大贡献。因此，公忠精神是我们今天倡导的爱国主义和集体主义的重要精神源泉。它激励着人们为国家和民族的利益奋斗，为实现国家的繁荣昌盛而不懈努力。

中国传统政治伦理不仅强调公忠体国，而且早已形成了仁民爱物的民本观念。《尚书·五子之歌》中就有"民惟邦本，本固邦宁"的表述，《孟子·尽心下》中明确提出："民为贵，社稷次之，君为轻。"这凸显了民本观念在中国政治思想中的重要地位。公忠观念的核心价值理念之一就是"上思利民"。在中国传统政治伦理中，这种思想以民为本，涵盖了爱民、利民、安民、养民、惠民等一系列仁政理念。尽管这些民本观念起初是为了维护社会等级秩序和统治阶级的利益，而非真正实现民主治理，但在历史上，它们在一定程度上缓和了阶级对立，或多或少地缓解了阶级矛盾，有一定进步意义。对统治者来说，这也有利于维护社会秩序。孔子提倡"使民以时"，主张合理安排民众劳作与休息，以实现广泛施济；墨子倡导"兼相爱，交相利"，强调相互关爱与互利合作；管子则提出了"四民分业"的改革方案：这些思想都致力于确保百姓的安定生活和国家的长期稳定。宋代理学家张载在《西铭》中提出了"民，吾同胞；物，吾与也"的思想，强调人与人之间、人与物之间的关联。在明清易代之际，启蒙思想家极力宣扬"公天下"的观念，提出"一姓之兴亡，私也；而生民之生死，公也"的理念。民本思想始终是中国传统治理文化的重要组成部分，对中国的政治发展和社会进步产生了深远影响。

蒙古马精神中吃苦耐劳的奉献精神正是中国传统公忠精神与民本精神在现代社会的延续和升华。它不仅承载了公忠精神中对国家和社会的无私奉献，也融合了民本精神中强调的以人为本、重视民生福祉的理念。公忠精神与民本精神被赋予了新的内涵，成为激励人们面对困难和挑战、勇于承担责任和使命的重要动力。此外，蒙古马精神中吃苦耐劳的奉献精神还体现了集体利益高于个人利益，强调在国家和民族需要时，个人应当挺身而出，无私奉献。因此，蒙古马精神不仅是对传统公忠精神的传承，也是对传统民本精神的拓展和升华，展现了新时代内蒙古各族人民的精神风貌和价值追求。

（二）锐意进取：中华民族创造精神与革新精神的不懈追求

在中国传统文化中，创造精神是中华民族的优秀特质之一。在中国上古神话中，创造力就得到充分的体现，如盘古开天辟地、女娲抟土造人、燧人氏钻木取火等传说。《周易·系辞下》中详细记载了原始先民的发明创造历史，其文曰："古者包牺氏之王天下也，仰则观象于天，俯则观法于地，观鸟兽之文与地之宜，近取诸身，远取诸物，于是始作八卦，以通神明之德，以类万物之情。作结绳而为网罟，以佃以渔，盖取诸《离》。包牺氏没，神农氏作，斫木为耜，揉木为耒，耒耨之利，以教天下，盖取诸《益》。日中为市，致天下之民，聚天下之货，交易而退，各得其所，盖取诸《噬嗑》。神农氏没，黄帝、尧、舜氏作，通其变，使民不倦，神而化之，使民宜之……黄帝、尧、舜垂衣裳而天下治，盖取诸《乾》《坤》。刳木为舟，剡木为楫，舟楫之利，以济不通，致远以利天下，盖取诸《涣》。服牛乘马，引重致远，以利天下，盖取诸《随》。重门击柝，以待暴客，盖取诸《豫》。断木为杵，掘地为臼，杵臼之利，万民以济，盖取诸《小过》。弦木为弧，剡木为矢，弧矢之利，以威天下，盖取诸《睽》。上古穴居而野处，后世圣人易之以宫室，上栋下宇，以待风雨，盖取诸《大壮》。古之葬者，厚衣之以薪，葬之中野，不封不树，丧期无数。后世圣人易之以棺椁，盖取诸《大过》。上古结绳而治，后世圣人易之以书契，百官以治，万民以察，盖取诸《夬》。"①正是有了燧人氏、包牺氏、神农氏、黄帝、尧、舜等往圣先贤的发明创造，中华民族才从蒙昧野蛮走向文明开化。在中华元典中，《周易》深刻体现了中华民族的创造精神。在八八六十四卦中，首卦

---

① 转引自桑东辉："'红船精神'对中华民族精神的传承与发展"，载《武陵学刊》2019 年第 44 期。

乾卦所体现的正是这种创造精神。所谓"元亨利贞"，这个"元"就是指万物的初始状态。乾卦的核心价值在于创生原则，正如《周易·彖传》中所载："大哉乾元，万物资始，乃统天。"整部《周易》的根本精神也在于弘扬创造精神："生生之谓易"（《周易·系辞上》）和"天地之大德曰生"（《周易·系辞下》）。根据易理，创造是《周易》的核心要义。现代新儒家代表人物牟宗三对此进行了阐释，他认为《周易》强调的是创造精神，但由于"创造"一词常被基督教用来指代《创世纪》的概念，因此牟宗三提出用"创生原则"来表述《周易》中的创造精神。应该说，从古至今，中华民族一直在勇于创新和发明，从未停止过敢为人先的步伐。从大禹治水到愚公移山，从中医中药的发展到四大发明的创造，中华民族在探索和改造自然的道路上不断前进，缔造了一个又一个令世界瞩目的中国奇迹。

中华民族不仅注重创造，也极为重视革新。创造意味着从无到有的首次突破，而革新则基于既有成就之上，实现再次创造，即所谓继往开来。古代智者们通过经典著作，如《周易》的变易哲学、《礼记》中的教化思想，为后世提供了关于如何适应变化、如何应对变化的深刻见解。

《周易》中的革卦与鼎卦深刻揭示了创新的重要性，倡导改旧换新，昭示天地变革带来四季更替，汤武变革顺应天意而回应民心，展现了变革的重大意义。无论是国家体制的构建还是社会风俗的形成与演变，都与创新和更替密不可分。从古代的禅让制、世袭制，到近代废除封建制度、建立中华人民共和国，每一次重大的制度变革都是对旧有秩序的挑战，也是对更公正、更有效治理模式的探索。这些变革展现了中华民族面对问题不畏艰难、勇于自我革新的精神特质。改革创新是中华民族持续发展的根本动力。历史上，许多改革者尽管面临重重困难和曲折，但他们的努力和奋斗对社会进步产生了深远影响。从商鞅变法到王安石变法，再到戊戌变法，改革虽困难重重，却为民族发展注入了变革图强的力量。

毋庸置疑，创新自古以来就是中华民族持续发展与繁荣的核心动力。在漫长的历史长河中，中国传统文化孕育了丰富的创造精神和革新精神，这些精神深植于中华儿女的血脉之中，不断推动着社会的进步和转型。特别是蒙古马精神，它象征着不畏艰难、勇往直前的进取态度，深刻体现了内蒙古各族人民不满足于现状、敢于挑战自我、不断追求新高的创新意识。在中国共产党的领导下，这种由创造精神和革新精神凝聚而成的蒙古马精神，已经成为激励中国人民攻坚克难、不断自我超越的强大精神力量。它激励着内蒙古在科技、经济、文化等领域取得了举世瞩目的成就，并为内蒙古克服一个又一个困难提供了重要精神动力。在当今世界，面对经济全球化、科技日新月异的新形势，内蒙古更加坚定地将创新置于发展全局的核心位置。通过深化改革、扩大开放、优化创新环境，内蒙古正致力于构建开放型经济新体制，推动高质量发展，努力实现闯新路、进中游的奋斗目标。这一切都离不开一往无前的创造精神与革新精神。正是这种深植于北疆儿女血脉中的创新精神，使内蒙古能够持续展现出强大的生命力和无限的创造潜能。

（三）艰苦卓绝：中华民族弘道精神与自强精神的生动体现

"道"是中华传统文化中的核心理念，它已经深深融入了士人的精神追求和人格塑造之中。正如《论语·卫灵公》中"君子谋道不谋食……君子忧道不忧贫"以及"朝闻道，夕死可矣"（《论语·里仁》）这些经典语句所表达的，"道"在中国历史上始终是人们崇尚的精神追求和崇高的价值理念。孔子在《论语·述而》中对君子的要求更加明确，"志于道，据于德，依于仁，游于艺"，他将"道"放在君子修养的最高位置，认为这是一个人立身处世的根本。这一理念激发中国士人产生强烈的卫道、弘道、殉道精神，使中华民族形成了崇尚道统的传统。可以说，在中国传统文化中，对"道"的持续追求贯穿了整个历史进程。从古至今，"道"始终是士人心中的崇高目标，激励他们修身养性、塑造品格。这种崇尚道德的精神推动着人们追求高尚的道德境界，推动社会向前发展。

儒家道统中，"道"的意义是十分重大的。儒家将"道"视为意义世界的终极依据，是价值的根本，并将追求"道"作为最高的价值目标。在中国的传统观念里，士人被视为社会的中坚力量和民族的脊梁，他们肩负求道、传道、弘道、卫道的重任。因此，弘道精神成为士人的价值追求和道德坚守的核心。正如《论语·泰伯》所言，"士不可以不弘毅，任重而道远"，这句话强调了士人必须坚毅不屈，勇于承担责任。同时，《论语·卫灵公》也指出了个人弘道对社会的深远影响，"人能弘道，非道弘人"，这句话凸显了士人的主体性及其在社会发展中的积极作用。古往今来，无数仁人志士为了精神信仰和理想信念，不惜放弃荣华富贵，甚至献出宝贵的生命。《论语》中的经典语句深刻反映了他们的信念和牺牲精神。古圣先贤将弘道精神视为天赋的责任和崇高的使命，这种责任感和使命感激励着他们不畏艰难，勇往直前。为了践行弘道的伟业，传统士人坚守气节，将"气"视为志向的帅旗，注重培养自身的浩然之气，坚信"三军可夺帅也，匹夫不可夺志也"，展现出对道义的忠诚和对信念的坚守。这些精神品质是弘道精神的重要组成部分，激励着一代又一代的仁人志士不断追求道义的崇高境界，为社会的和谐与进步贡献自己的力量。

弘道的道路上必然会充满各种艰难险阻，因此，弘道离不开自强不息的刚健坚韧精神。正如《周易·象传》中所言，"天行健，君子以自强不息"。为了追求道义，必须坚韧不拔，勇往直前，不畏艰险，百折不挠。尤其在遭遇困境和挫折时，更需要保持高远之志，坚定不移地砥砺奋进。《论语·子罕》中，孔子说："三军可夺帅也，匹夫不可夺志也。"表达了即使面对重重阻力，也要坚定追求自己的政治理想。孔子注重"君子"的修养，而孟子更加强调"大丈夫"的气概。在《孟子·滕文公下》中，孟子阐述了他的"浩然之气"："居天下之广居，立天下之正位，行天下之大道；得志，与民由之；不得志，独行其道。富贵不能淫，贫贱不能移，威武不能屈，此之谓大丈夫。"这段话揭示了孟子所倡导的"大丈夫"气概，即刚正不阿、自强不息的精神。荀子，作为儒学的重要代表，在《荀子·劝学》中深刻阐述了学习的重要性，并倡导坚持不懈的学习精神："故不积跬步，无以至千里；不积小流，无以成江海。骐骥一跃，不能十步；驽马十驾，功在不舍。锲而舍之，朽木不折；锲而不舍，金石可镂。"通过这些比喻，生动地说明了学习过程中循序渐进和坚持不懈的重要性，以及最终取得成功的必要条件。司马迁在《报任安书》中也表现了自强不息的精神："盖文王拘而演《周易》；仲尼厄而作《春秋》；屈原放逐，乃赋《离骚》；左丘失明，厥有《国语》；孙子膑脚，《兵法》修列；不韦迁蜀，世传《吕览》；韩非囚秦，《说难》《孤愤》；《诗》三百篇，大底圣贤发愤之所为作也。"这段话通过列举历史上的伟人和他们不屈不挠的事迹，激励后人追求理想，不畏艰难。唐代高僧玄奘，为了弘扬佛教文化，不畏万里之遥，历经重重艰险和无数磨难，终将佛教经典带回中国，充分体现了自强不息的精神和对理想的坚定追求。

在中国传统文化中，弘道精神和自强精神是相互贯通、相辅相成的。弘道精神强调的是道德的传播和实践，是对社会和谐与正义的追求；而自强精神则侧重于个体的不断努力和自我完善，强调个人责任和担当。这两种精神共同构成了中华民族特有的奋斗精神，体现为不断追求卓越、勇于挑战、不惜一切实现目标的精神态度。蒙古马精神是对中国传统文化的传承与发展，其"不达目的绝不罢休"的奋斗精神正是对儒家思想中弘道精神和自强精神的一种整合提升与弘扬发展。它不仅继承了中华民族的精神遗产，也适应了当代社会的实际需求，激发了一种面对困难和挑战时的精神动力。在全球化的今天，蒙古马精神成为激励内蒙古各族人民不断探索、不懈奋斗、勇于创新，推动内蒙古办好习近平总书记交给的五大任务和全方位建设模范自治区两件大事的强大动力。

（四）和衷共济：中华民族团结精神与和合精神的历史体现

在中华民族悠久的历史进程中，尽管历经如三国、魏晋南北朝以及五代十国等分裂和诸侯割据的时期，但总体而言，追求团结与统一始终是历史发展的主流。这种历史趋势之所以能够形成并持续至今，其根本原因在于中华民族深厚的文化底蕴中所固有的强大团结意识。中华民族深厚的文化遗产在家庭和睦与国家统一大业上，无一不深刻体现了团结协作的核心价值。常言道："家和万事兴。"家庭成员之间的团结与互助是和谐的前提，没有团结，和谐便难以实现。当这种团结精神提升至国家层面，它转化为大公无私、先公后私的价值追求，这一理念强调个人应将国家和社会的利益放在个人利益之上，凸显了个体对社会的责任与奉献。在这种文化的熏陶下，每个人都受到激励，为国家的繁荣和社会的和谐贡献自己的力量。进一步而言，这种涵盖个人与国家的团结和奉献精神，是中国长期维持统一和稳定的文化基础。

传统文化经典中有大量关于团结的文献记载。《周易·系辞上》有言："二人同心，其利断金。同心之言，其臭如兰。"意指志同道合的人齐心协力，可以产生巨大的力量，无坚不摧，无往不利。《荀子·王制》亦云："人能群，彼不能群也……

故义以分则和,和则一,一则多力,多力则强,强则胜物。"此言指出,人们依据社会的道义原则团结一致,便能形成强大的合力,最终战胜万物,与天地并立。《尚书·皋陶谟》中提到"同寅协恭和衷哉",其中"和衷"意味着和睦同心。"和衷共济"所强调的是团结一致,团队成员心往一处想,劲往一处使,才能共渡难关。《尚书·尧典》亦言:"百姓昭明,协和万邦。"主张为政者应施行仁政,实现不同族群的和谐共处与文化上的交流。《国语·郑语》中载,"夫和实生物,同则不继。以他平他谓之和,故能丰长而物归之"。这里强调了团结和谐对于创生的重要性。"和"是多样性的统一,不同事物之间只有相互平衡,才能相辅相成。《礼记·中庸》中载:"和也者,天下之达道也。"将"和"提升为人间至理,成为中华传统文化的核心价值之一。这一理念超越时空,丰富了当代中国人的价值观念,成为凝聚人心,处理人际关系、国际关系的基本遵循。

围绕团结意识,中华优秀传统文化倡导"和合共生"。《国语·郑语》中首次出现了"和合"一词:"商契能和合五教,以保于百姓者也。"这句话的意思是:商契能够将父义、母慈、兄友、弟恭、子孝等五种道德观念融合在一起,实现了家庭伦理秩序的和谐,从而使百姓安居乐业。"和合学"是由中国当代著名哲学家张立文先生开创的哲学理论形态,他认为"'和合'二字是通过对中国传统哲学'天道'与'人道'近百个范畴的系统梳理从中体贴出来的中国人文精神。和合学从一开始就深深地滋润在民族精神及其生命智慧的源头活水里"[①]。中国人认为"和"与"合"同等重要。"和"代表着和谐、和睦、和平,"合"则意味着结合、合作、融合。这两者相辅相成,缺一不可。没有不同事物的结合,就不可能有和谐、和睦、和平的状态;没有相互关系的和谐、和睦、和解,就不可能实现不同事物的融合。

每个人、每个民族和国家都拥有生存与发展的权利。不论哪个时代,我们都需要培养"他者"意识,学会容纳、承认并尊重他者的生存与存在。《周易》中强调的"天地之大德曰生"体现了天地间生生不息的精神,即"上天有好生之德"(《尚书·大禹谟》)。在中华文化中,"和"的基本含义之一是和谐共处,强调共同存在。不同事物如何共生共存?中华文化中积淀了"和合共生"的深刻思想。中国古人在长期的生产生活实践中总结出一个基本经验:在宇宙和自然的法则中,包容精神与和合之道无处不在。如《道德经》第四十二章所言:"万物负阴而抱阳,冲气以为和。"老子认为"道"蕴含阴阳两个相反的方面,万物皆包含阴阳,阴阳相互作用,

---

① 张立文:《和合哲学论》,人民出版社 2004 年版,第 38 页。

形成阴阳共存的"和合"状态。《礼记·中庸》中也有类似的经典论述："仲尼祖述尧舜，宪章文武。上律天时，下袭水土。譬如天地之无不持载，无不覆帱。譬如四时之错行，如日月之代明。万物并育而不相害，道并行而不相悖。小德川流，大德敦化。此天地之所以为大也。"这段话的大意是：孔子继承并阐述尧舜之道，制定文武之制。在上符合天时的规律，在下获得水土的滋养。孔子述道章制的工作就像天地一样无所不包、无所不载，正如四季交错运行，日月照亮天空。万物虽各异，却能和谐生长，不同道路却能同归于一，不相冲突。小的德行像河川一样到处流淌，大的德行像天地一样化育万物。这就是天地之所以被人称颂的原因。

交互相通的开放态度是实现和合的前提，关键在于如何促进和谐的交往。孔子曾说："夫仁者，己欲立而立人，己欲达而达人。"（《论语·雍也》）还提出了"己所不欲，勿施于人"（《论语·卫灵公》）的原则，这已成为当今世界普遍认同的交往金规则。这一思想体现了"厚德载物"的仁爱精神，强调人不仅要爱自己，还要推而广之，爱他人。首要之事是对他者持有基本的尊重，设身处地站在对方的立场和角度，把他者真正当成"异于己"（《庄子·在宥》）的不同的人，"求大同，存小异"，避免将自己的意志强加于人，更不能将对方作为达成个人目的的工具。互生善意，立人、达人，才是和解与合作的前提和基础。为了维持真正的和合共存，人们应在与天地万物的互动实践中发扬"厚德载物"的仁爱精神。否则，我们可能会陷入西方文化中天人二分的思维方式，被困在零和博弈的困境中，进而陷入无休止的对立和冲突。总之，开放的交互和仁爱精神的发扬能够激发人们的理性和良知，是走向持久和合的基础。在中华民族多元一体格局的形成和发展中，交互仁爱作为推动"和"的持久动力，一直是促进各民族团结发展、和谐共进的重要源泉。

中华优秀传统文化中的团结精神和"尚和合"的理念，是一种深刻的文化精神和哲学思想。这一理念主张和谐共处、相互尊重、合作共赢、追求和平，它不仅是中华文化的重要组成部分，也是中华民族精神的核心表现。在团结友爱、和合共生价值追求的指引下，中国历代社会能够吸纳并融合各种不同文化元素，将多样性融入统一的大道之中，使中华文明得以跨越千年，始终保持其生命力和创造力。蒙古马精神中守望相助、共克时艰的精神正是对团结精神和"尚和合"文化精神的现代阐释和创新发展。它不仅激励内蒙古各族人民在面对挑战时团结互助，而且强调以开放的心态和合作的姿态，铸牢中华民族共同体意识。它所弘扬的是一种超越时空、跨越民族界限的普遍价值观念，即通过合作与共生，实现构筑共有精神家园的理想。

二、淬炼成钢：锻造于红色文化

蒙古马精神在北疆儿女长期的革命和建设实践中孕育而生，它是红色文化深厚底蕴的体现，也是革命精神在当代的生动体现。在中国共产党的领导下，蒙古马精神经过历史的沉淀和一代又一代人的实践锤炼，已经成为激励内蒙古各族人民团结奋斗、开拓进取的精神力量。弘扬蒙古马精神，坚定艰苦奋斗、共克时艰的顽强意志，凝聚起奋勇前行的强大力量，为实现中华民族伟大复兴注入磅礴的精神动力。

（一）血脉赓续：水深火热中坚韧不拔

蒙古马精神是北疆儿女在长期生产生活过程中形成的精神结晶，是中华优秀传统文化的底蕴彰显，已熔铸于内蒙古各族人民的灵魂深处，流淌在内蒙古各族人民的血脉之中。从远古悠悠到现代繁华，从山河破碎到海晏河清，蒙古马精神不断积淀与传承，深刻地塑造了内蒙古的文化特质，并为中华民族的优秀品质增添了浓墨重彩的一笔。

中国共产党成立之初，无数革命先烈为了民族的独立、人民的解放和社会的进步，不畏艰难险阻，英勇斗争，展现了对党和人民的忠诚与不怕牺牲的伟大精神，彰显了蒙古马精神中勇于奉献、甘于牺牲的无私精神。1927 年大革命遭遇挫折之后，面对国民党反动派的无情迫害，中国共产党人并未丧失信心，而是更加坚定地与之进行斗争。在这样的历史背景下，革命家任弼时等人在极端恶劣的条件下始终保持着对党的忠诚，他们从未向敌人屈服或妥协，他们身上所体现的坚毅精神正是不畏艰难险阻、勇于牺牲的蒙古马精神的现实体现。

李大钊，作为中国共产党的杰出创始人之一，在充满挑战的环境中领导中国人民进行反抗帝国主义和封建军阀的斗争。他的英勇行为和坚定信念激励了一代又一代的革命者，包括像谭祖尧这样深受其影响的忠实追随者，他们同样为了革命理想献出了宝贵的生命。董存瑞，解放战争时期的英雄，在战斗中展现了非凡的勇气和坚定的意志。在一次关键的战斗中，他毫不犹豫地用自己的生命为部队开辟了胜利的道路，牺牲时年仅 19 岁。他的壮举成为中国革命历史上的光辉篇章，激励着无数中国人为国家的未来不懈奋斗。这些英雄的事迹是中国共产党和中国人民共同的精神财富，他们在革命中所展现出的不怕牺牲、勇担重任的精神，将永远铭刻在中华民族的历史长河中，激励着我们继续前进。

中国共产党自成立以来，遇到了无数的挑战和困难，任弼时、李大钊、谭祖尧、董存瑞是无数在敌人残酷手段面前宁死不屈的英烈代表，无论是在牢房里还是在战场上，他们都表现出了大义凛然和坚贞不屈的精神，彰显了坚韧不拔的革命意志。正如习近平总书记所指出的，"一代一代革命军人正是靠着向死而生的英勇决绝，形成了压倒一切敌人而决不被敌人所屈服的伟大气概。"好在"千淘万漉虽辛苦，吹尽狂沙始到金"。在无数具有坚韧不拔革命意志的中国共产党人的带领下，中国人民跨越了重重险阻，攻克了一个又一个难关，实现了从站起来、富起来到强起来的历史性跨越。

蒙古马精神作为北疆文化的重要组成部分，在中国革命、建设和改革的各个历史时期都发挥了重要作用。革命先烈在长期的革命斗争中，展现出了坚定的信仰、顽强的意志和不懈的努力。他们面对重重困难和严峻考验，始终保持着对革命事业的忠诚和对人民的深厚感情，不断克服困难，勇往直前，直至取得胜利。他们对革命事业的坚定信念与蒙古马精神中对目标的执着追求相契合。无论是在革命战争年代还是在和平建设时期，这种坚定不移的信念和忠诚不屈的精神都是推动事业发展的重要动力。他们在革命道路上一往无前、不畏艰难险阻，是蒙古马精神中一往无前、勇往直前精神的生动写照。

（二）百炼成钢：强敌重压下坚贞不渝

蒙古马作为"义畜"和"五畜之首"，不仅是游牧民族生产生活的重要工具，更是忠诚与勇敢的象征。它们虽生性刚烈剽悍，却能在主人处于危险时不惜牺牲一切代价拯救主人。蒙古马对主人的忠诚以及对广袤草原的深情眷恋，体现了一种深刻的情感联结和无私的牺牲精神。在革命战争年代，内蒙古各族人民对祖国坚定不移的热爱充分展现了这种精神。

近代以来，中国遭受了重重苦难与挑战，国家破碎、内忧外患。面对外来帝国主义的侵略和内部封建主义的剥削，中国人民表现出了顽强的抵抗意志和不屈不挠的斗争精神。在民族危亡的关键时刻，广大人民和无数英雄烈士挺身而出，以实际行动捍卫国家的独立和民族的尊严。蒙古马精神是对忠诚和牺牲的赞颂，更是对内蒙古各族人民在面对困难和挑战时所表现出的坚贞不渝、使命担当的肯定，它激励着内蒙古各族人民在保卫家园、追求民族独立和解放的斗争中，始终坚守对祖国和家乡的深厚情感以及对国家和民族未来的责任感和使命感。

1921 年，中国共产党的成立犹如一颗璀璨的明星，照亮了中国革命的前程，标志着中国历史进入了一个崭新的纪元。正如蒙古马在艰苦的环境中展现出的顽强生命力和不屈不挠的精神，中国共产党的诞生是中国革命力量的一次"集合"，它引领着中国人民在追求民族独立和人民解放的道路上不断前进。

新民主主义革命时期，共产党人以其坚定的爱国精神和无私奉献的精神，表现出了对国家和民族深沉的爱和无限的忠诚。这种精神贯穿于中国革命的各个阶段，无论是在革命的艰难探索期，还是在面对重大挑战和考验时，共产党人都始终坚守着对党和人民的忠诚，这是他们政治品格的核心。共产党人始终忠诚于党的理想和宗旨，他们的行为和信念与蒙古马精神中坚韧不拔、勇往直前、甘于奉献精神高度契合。这种精神也激励着内蒙古各族人民在各种困难和挑战面前，始终保持坚定的意志和不懈的努力。在中国共产党的领导下，内蒙古各族人民虽历经磨难，但从未放弃对自由和解放的追求。从红城到红船，内蒙古各族人民为了民族的解放和人民的幸福不懈奋斗。在这一过程中，许多共产党员和爱国志士为了国家和民族的利益，英勇斗争，甚至献出了宝贵的生命。中国人民的爱国传统在内蒙古各族人民身上得到了深刻彰显，他们的英勇斗争成为中国革命史上不可磨灭的光辉篇章，激励着一代又一代内蒙古各族人民。

在中国共产党的领导下，内蒙古各族人民在抗日战争中展现出了极高的爱国热情和英勇牺牲精神，这样的精神品质也正是蒙古马精神的精神内核——勇往直前、不畏牺牲的体现。内蒙古各族人民在抗日战争中充分的觉醒和英勇的抗争，生动地体现了蒙古马精神的坚韧、忠诚和无畏。他们自发捐献马匹和马具等物资，这不仅体现了他们对物质资源的无私奉献，更是对抗击外来侵略、争取抗战胜利所持有的坚定信念的具体表现。他们在抗日根据地担任向导、传递信息、警戒放哨，为抗日军队提供了宝贵的情报。他们在复杂的环境中依旧尽全力让下一代接受良好的教育，积极传播抗日理念，并致力于保护、传承和弘扬自己的民族文化。在大青山、大黑河和草原上，内蒙古各族人民的抗日斗争如同蒙古马在辽阔的草原上奔腾，不仅行动敏捷而且充满强劲的力量。贾力更、李森、乌兰夫、李井泉、姚喆等革命家体现出的不屈不挠、艰苦奋斗的精神，也是蒙古马精神的真实写照。大青山沿线的抗日战争是北方战场的重要一环，内蒙古各族人民与中国共产党领导下的抗日武装力量的紧密合作，体现了团结抗敌的蒙古马精神。这种精神不仅极大地增强了抗日的力量，而且为后来的民族解放和社会的发展奠定了坚实的基础。

在面对外来侵略和国内动荡的艰难时期，内蒙古各族人民始终坚守着对祖国的忠诚，不畏强敌、不怕牺牲。他们在中国共产党的领导下，为了民族的解放和国家的统一，进行了长期的、艰苦的斗争。内蒙古的近代史是一部充满牺牲与奋斗的历史。在内蒙古各族人民的抗争史中，涌现出了许多英雄人物，他们视死如归、甘于牺牲，把祖国和民族的利益置于个人利益之上。他们甘于牺牲的大无畏精神，与蒙古马精神在坚持、奉献、团结和责任感等方面高度一致。这不仅体现在对职责的忠诚和全情投入，还表现在他们愿意为了更高的目标和集体的利益，在关键时刻毫不犹豫地奉献自己的一切，甚至是生命。这种奉献精神不仅体现在物质层面，还体现在精神和情感层面，体现在对于责任和使命的更为深刻的理解和更加坚定的践行。

（三）扭转乾坤：时局维艰下勇毅担当

在历史的长河中，伟大的中华民族创造了悠久灿烂的中华文明，为人类作出了卓越贡献。在祖国北部边疆的内蒙古地区，各族人民共同书写了悠久的历史，创造了灿烂的文化，培育了伟大的精神。

近代以来，由于西方列强的入侵和封建统治的腐败，内蒙古地区与全国一样逐渐成为半殖民地半封建社会。在这块土地上生活的各族人民遭受帝国主义、封建主义、官僚资本主义"三座大山"压迫剥削，饱经磨难。面对山河破碎、生灵涂炭的深重苦难，内蒙古各族人民吃苦耐劳、一往无前，掀起了持续不断的反帝反封建斗争，但这些黑暗中的摸索和抗争都未能彻底改变内蒙古地区半殖民地半封建的社会性质和各族人民的悲惨命运。

十月革命一声炮响，为中国送来了马克思列宁主义。1921 年中国共产党的成立，是中国历史上开天辟地的大事变，深刻改变了近代以后中华民族发展的方向和进程，深刻改变了中国人民和中华民族的前途和命运，深刻改变了世界发展的趋势和格局。自从有了中国共产党，中国革命的面貌焕然一新。内蒙古各族人民从此有了前进的主心骨，从此有了最为先进最为坚强的革命领导核心。

中国共产党建党之初，李大钊就直接领导和参与了在蒙古族地区群众中传播马克思主义、培养共产主义先进分子的工作，产生了包括乌兰夫在内的第一批共产党人，建立了中共热河、察哈尔、绥远、包头四个工作委员会等第一批党的组织，在内蒙古大地上播撒下党领导各族人民进行艰苦革命斗争的火种。

土地革命战争时期，中国共产党从大革命失败的挫折中奋起，以武装斗争反抗国民党的反动统治，开辟了中国革命的新道路。党领导内蒙古各族人民进行了艰苦卓绝的斗争。面对国内外严峻的形势和敌人的强大压力，内蒙古各族人民不畏艰难，坚持武装斗争，开展土地革命，建立革命根据地。在这一过程中，内蒙古广大人民群众展现出了极其坚韧的吃苦耐劳精神，不怕牺牲，勇往直前，努力恢复和重建内蒙古地区党组织，继续坚持革命斗争。"九一八事变"之后，党秉持团结抗战的方针，领导和发动抗日武装对日作战，支持察哈尔民众抗日同盟军，发动百灵庙抗日武装暴动，推动绥远抗战，在轰轰烈烈的抗日救亡斗争史上写下了内蒙古地区的光辉一页。

全国抗战时期，中国共产党成为全民族抗战的中流砥柱。党领导内蒙古地区各族人民广泛发动抗日武装斗争，作出建立大青山抗日游击根据地的战略决策，八路军部队挺进大青山，有效遏制了日本侵略者西进南下的企图。14年抗战，党领导内蒙古各族人民艰苦奋斗、浴血奋战，为赢得中华民族近代以来反对帝国主义侵略的第一次完全胜利作出了不可磨灭的贡献。

蒙古马精神作为中华民族精神的重要组成部分，为内蒙古解放战争的胜利提供了强大的精神动力。中国共产党领导内蒙古各族人民吃苦耐劳、不畏艰难，最终取得了革命的胜利。解放战争时期，在两条道路、两种命运、两个前途的大决战中，党团结带领内蒙古各族人民全力保卫抗日战争胜利成果，坚决反击国民党对解放区的武装进攻，坚定维护国家统一和民族团结，成立中国共产党领导的第一个省级少数民族自治区，成为党运用马克思主义解决国内民族问题的成功实践。党领导翻身解放当家作主的内蒙古各族人民投身农村牧区社会改革，参加和支援解放战争，为东北和华北地区的解放作出了重要贡献。随着绥远和平解放、阿拉善额济纳旗宣布起义，内蒙古地区实现了完全解放，迈入了崭新的历史阶段。

社会主义革命和建设时期，中国共产党领导内蒙古各族人民自力更生，艰苦奋斗，进行社会主义改造，建立社会主义制度。党领导内蒙古各族人民克服重重困难，开展大规模的经济建设和文化建设，彰显了吃苦耐劳精神。改革开放以来，我国进入社会主义现代化建设新时期。在这一时期，内蒙古以一往无前的闯劲和不达目的绝不罢休的狠劲深化改革，扩大开放，推动经济快速发展。在此过程中，无数共产党员和人民群众吃苦耐劳，勇于创新，敢于担当，为内蒙古的繁荣富强和社会的进步贡献了自己的力量。进入新时代，内蒙古各族人民继续弘扬吃苦耐劳的精神，推动全面深化改革，促进经济社会持续健康发展。

在新时代的伟大征程中，党领导内蒙古各族人民坚决打好三大攻坚战，努力书写中国式现代化内蒙古新篇章。在这一过程中，无论是抗击新冠疫情，还是推进科技创新，内蒙古各族人民展现出了吃苦耐劳、甘于奉献的精神风貌。这种精神已成为激励北疆儿女不断前进的强大动力，是实现闯新路、进中游奋斗目标的重要精神支撑。

内蒙古的发展历史是一部充满挑战与奋斗、充满智慧与勇气的壮丽史诗，党以其吃苦耐劳、一往无前的精神，克服了一个又一个困难，取得了一次又一次胜利。在这一历史过程中，党经历了无数的生死考验和严峻挑战，包括但不限于土地革命战争、抗日战争、解放战争、社会主义革命和建设、改革开放以及新时代的社会主义现代化建设等。每一次面临危机和挑战，内蒙古各族人民都展现出吃苦耐劳、艰苦奋斗、一往无前的精神。这些精神力量发挥了巨大作用，并在内蒙古的发展进程中得到了充分的体现和弘扬。吃苦耐劳、勇往直前、面对困难永不退缩等精神，正是当前所弘扬的蒙古马精神的核心要义，它们不仅是中华民族优秀品质和优良传统的重要体现，也是内蒙古各族人民在关键时刻能够扭转局势、战胜困难的"法宝"。

（四）携手同行：栉风沐雨中同舟共济

守望相助是中华民族的传统美德，也是红色文化中不可或缺的重要精神品质，它强调的是人们之间相互扶持、携手共渡难关，体现了集体主义和团结协作的价值观念，这种价值观念体现在革命的不同阶段、社会的各个层面。无论是在家庭、朋友之间，还是在社区、民族之间，都强调团结协作、互帮互助的重要性，它代表了坚韧不拔、勇往直前的精神特质。

守望相助与蒙古马精神紧密相连，都强调了在逆境中相互扶持、共同前进的重要性。

其一，两者都强调了面对困难时的积极态度和果断行动。守望相助倡导的是在困难面前，人们应该互相支持、共渡难关，而非孤立无援、自私自利。蒙古马精神体现了在逆境中不断奋斗、永不放弃的精神，这与守望相助中的互助精神是一致的。1936 年早春，乌兰夫同志带领着一支由各族人民组成的队伍，在达尔罕草原上发起了一场名为"百灵庙暴动"的起义。这场起义不仅是蒙古族人民抗日斗争的起点，更是全国范围内具有标志性意义的一次抗争。在中国共产党的坚强领导下，内蒙古的抗日武装力量通过灵活机动的游击战术、破坏敌人交通线以及在敌后进行骚扰等手段，有效削弱了日本侵略者的力量，沉重打击了他们的侵略野心。1937 年 10 月，百灵庙起义的部队与日本侵略者展开了激烈的战斗。起义部队最初由一些拥有爱国情怀的将领和士兵组成，他们在百灵庙地区与日军进行顽强抗争。起义部队不仅在战斗中表现出色，还通过广泛的宣传动员，吸引了越来越多的当地民众和士兵加入抗日的行列。随着队伍的不断壮大，起义部队最终被正式纳入中国共产党领导的抗日武装力量，组建成为蒙旗独立旅。蒙旗独立旅的成立，标志着内蒙古地区抗日力量的组织化和正规化，在后续的战斗中发挥了巨大作用，极大地鼓舞了内蒙古地区乃至全国的抗日热情，增强了中国人民抵抗外来侵略的决心和信心。1938年9月，八路军大青山支队挺进大青山地区，这是中国共产党领导下的八路军在内蒙古地区开展抗日游击战的重要举措。在艰苦卓绝的斗争中，八路军大青山支队不仅成功开辟了抗日游击根据地，为最终战胜侵略者奠定了坚实的基础。守望相助与蒙古马精神都是中华民族精神的重要组成部分，它们在面对挑战时展现出的坚韧不拔和团结互助的精神是中华民族精神面貌的生动体现。

其二，两者都体现了集体主义的价值观念。在中国传统文化中，集体的利益高于个人的利益，个人应致力于追求和维护集体的利益。坚韧不拔、勇往直前是为了整个群体的生存和发展，而不是单纯的个人英雄主义。中华人民共和国成立后，资本主义国家并没有停止对我们的强取豪夺，仍以各种借口、各种方式对我国进行打压、围堵、遏制，千方百计地干扰我国发展事业，试图像过去那样对我国经济、政治、文化和社会生活的各个方面都造成严重的消极影响。然而，这一梦想破灭了。党的十八大以来，以习近平同志为核心的党中央始终不忘初心，紧紧抓住"高举和平、发展、合作、共赢的旗帜，统筹国内国际两个大局，统筹发展安全两件大事"，不仅与干涉中国事务的西方势力展开坚决斗争，同时不断为世界和平与发展贡献中国智慧和中国力量。在中国几千年发展的历史长河中，中华文明从未因外部势力施加的种种压力而中断，中华民族从未因路途中的艰险而一蹶不振，中华文明始终以其强大的生命力和包容性历久弥新，中华民族守望相助、同舟共济，并以其不屈不挠的奋斗意志，艰辛探索、不懈奋斗，越是艰难越向前，在一次次陷入绝境之后重振旗鼓，创造新的奇迹，书写新的辉煌篇章。在砥砺前行的过程中，中华民族凝聚起的强大合力，映射出人类坚毅不屈的精神光辉，赢得了世界人民的尊重和认可。革命先辈们通过他们的实际行动，向我们展示了党在面临重大危机时能够扭转乾坤、在绝境中寻求生存的关键所在，揭示了我们党屡次在关键时刻能够成功克服困难、取得胜利的秘诀。他们用生命诠释了坚韧不拔革命意志的深刻内涵，在强敌和自身武器劣势面前，只有坚韧不拔的革命意志，才能支撑一代代中国人义无反顾地为革命事业献出自己的青春乃至生命。习近平总书记指出："没有顽强的意志，没有敢于牺牲的品质，再好的武器装备也不能保证胜利。"坚韧不拔、守望相助的革命意志锻造了中国共产党人英勇不屈的坚毅品质，是蒙古马精神的鲜明体现。

蒙古马精神是中华民族精神的重要组成部分，它象征着坚韧不拔、勇往直前的革命精神，在红色文化的浸润下得到了进一步的锻造和升华。红色文化是在中国革命历史进程中孕育而生的，它包含了无数革命先烈为了民族独立和人民解放所展现出的英勇斗争精神。在这一过程中，蒙古马以其特有的耐力和忠诚，成为革命战士们最为贴切的象征。革命战士们在战场上为革命事业立下赫赫战功，其身上所体现出的蒙古马精神更在红色文化中留下了深刻的印记。在红色文化的浸润下，蒙古马精神逐渐被赋予了更加丰富的内涵。它不仅体现了坚韧和勇敢的特质，更体现了团结协作、无私奉献和不断创新的精神。这种精神在新时代的中国得到了进一步的传承和发展，成为推动社会主义现代化建设不可或缺的精神动力。

三、化茧成蝶：发展于社会主义先进文化

当代中国的先进文化，就是以马克思主义为指导，以培养有理想、有道德、有文化、有纪律的公民为目标的，面向现代化、面向世界、面向未来的，民族的科学的大众的，健康向上的，具有中国风格、中国特色的社会主义文化和文明。党的十九届四中全会指出："发展社会主义先进文化、广泛凝聚人民精神力量，是国家治理体系和治理能力现代化的深厚支撑。必须坚定文化自信，牢牢把握社会主义先进文化前进方向，激发全民族文化创造活力，更好构筑中国精神、中

国价值、中国力量。"蒙古马精神作为中国精神谱系的重要内容，在社会主义先进文化的培育和滋养下，不断发展和提升，成为激励内蒙古各族人民走向未来的强大精神动力。

（一）奋楫笃行：吃苦耐劳的品质在社会主义先进文化中绽放光彩

奋斗是指通过付出艰辛努力来战胜各种困难，从而实现宏伟目标的过程。奋斗精神是中国精神的核心内容之一，自强不息、百折不挠的意志是个人、组织、民族或国家维护权益和尊严、争取进步、实现目标的精神状态。奋斗精神是中华优秀传统文化的重要组成部分，是中华民族最鲜明、最优秀的文化基因。它孕育了以伟大建党精神为源头的中国共产党人精神谱系，激励着全体中华儿女凝心聚力，为全面建设社会主义现代化国家、实现中华民族伟大复兴而努力奋斗。中国人民的奋斗精神孕育于中华优秀传统文化的沃土中，中国人民在改造人类社会的长期实践中充分发扬了奋斗精神。近代以来，中国人民在反抗殖民主义、帝国主义的斗争中发扬伟大奋斗精神，不畏牺牲、直面困难，以自己的铮铮铁骨同侵略者进行了英勇顽强的斗争，坚决捍卫了国家主权与民族尊严。

艰苦奋斗是时代的主旋律。习近平总书记指出，"社会主义是干出来的，新时代是奋斗出来的"，"一路走来，中国人民自力更生、艰苦奋斗，创造了举世瞩目的中国奇迹。新征程上，不管乱云飞渡、风吹浪打，我们都要紧紧依靠人民，坚持自力更生、艰苦奋斗，以坚如磐石的信心、只争朝夕的劲头、坚韧不拔的毅力，一步一个脚印把前无古人的伟大事业推向前进"。从社会主义革命和建设时期到改革开放和社会主义现代化建设时期，再到中国特色社会主义新时代，中国取得的伟大成就是党和人民一道拼出来、干出来、奋斗出来的。可以说，没有广大人民前赴后继、艰苦卓绝的接续奋斗，就没有中国特色社会主义新时代的今天，更不会有实现中华民族伟大复兴的明天。

艰苦奋斗的底色是吃苦耐劳。党的二十大报告指出："全党同志务必不忘初心、牢记使命，务必谦虚谨慎、艰苦奋斗，务必敢于斗争、善于斗争，坚定历史自信，增强历史主动，谱写新时代中国特色社会主义更加绚丽的华章。"从党的七届二中全会提出的"两个务必"到党的二十大报告提出的"三个务必"，中国共产党人艰苦奋斗的精神一以贯之、一脉相承。习近平总书记指出："不论我们国家发展到什么水平，不论人民生活改善到什么地步，艰苦奋斗、勤俭节约的思想永远不能丢。"艰苦奋斗在新时代表现为面对探索创新之艰、埋头实干之苦、过程漫长之累所释放出的强大驱动力。这种知重负重、勇于担当的精神风貌与伟大建党精神相契合，展现了蒙古马精神吃苦耐劳的精神特质。

习近平总书记指出："无论我们将来物质生活多么丰富，自力更生、艰苦奋斗的精神一定不能丢，脚踏实地、苦干实干，集中精力办好自己的事情，把国家和民族发展放在自己力量的基点上。"谦虚谨慎、艰苦奋斗是我们这个百年大党代代传承的光荣传统和优良作风。我们党由小到大、由弱变强，不断从胜利走向胜利，离不开谦虚谨慎、艰苦奋斗的精神和作风。

（二）推陈出新：勇往直前的创新精神在社会主义先进文化中焕发活力

创新是先进文化发展的动力，也是社会主义先进文化的灵魂和社会主义先进文化科学性的有力保障。在社会主义先进文化中，创新精神不仅是一种思维方式的转变，更是一种行动上的实践。它要求我们在面对社会的发展和时代的变迁时，能够积极适应变化，主动寻求解决问题的新方法、新途径，通过不断的学习和实践，提升自身的创新能力，推动文化、科技、经济等各个领域的进步。

社会主义先进文化是一种不断开拓创新的文化。新时代以来，随着"两个结合"特别是"第二个结合"规律性认识的不断深化，中国特色社会主义先进文化建设进入新阶段。以《（新编）中国通史》纂修工程和《中华民族交往交流交融史》编纂工程为代表的图书编纂工程扎实推进，以长城、大运河、长征、黄河、长江国家文化公园为代表的新的各民族共享文化符号和以《同心共筑中国梦》《共饮江河水 同聚中华情》等为代表的一大批优秀的文艺作品以及以《雪域少年》等为代表的传统文化题材动画电影不断涌现，以一系列法律法规、重大文化工程为代表的文化建设的制度保障不断强化，这些都极大地丰富了社会主义先进文化的内涵。

在全球化的背景下，不断创新是保持时代性、先进性和科学性的最好方法，也是唯一方法。缺乏创新意识的文化，难以成为先进文化，更无法代表先进文化的前进方向。社会主义先进文化要与世界潮流相融合，要树立大世界观、大时代观，面向现代化，面向世界，面向未来，始终站在时代的前沿，通过不断的开拓创新，独树一帜、不断发展、长久不衰。

社会主义只有在不断改革与创新中才能发展。社会主义先进文化只有随着历史的进步而进步、随着时代的发展而发展，才能体现人民的根本需要，保持生命力和先进性。新时代取得的伟大成就极大地增强了中国人民的民族自尊心、自信心、自豪感，极大地增强了中国人民的志气、骨气、底气。人们共同享有人生出彩的机会，共同享有梦想成真的机会，共同享有同祖国和时代一起成长与进步的机会，这是时代的馈赠。党的十八大以来，习近平总书记多次礼赞劳动创造，讴歌劳模精神、劳动精神、工匠精神。2020 年 11 月，在全国劳动模范和先进工作者表彰大会上的重要讲话中，习近平总书记精辟地阐释了这三种精神的科学内涵，分别是"爱岗敬业、争创一流、艰苦奋斗、勇于创新、淡泊名利、甘于奉献"，"崇尚劳动、热爱劳动、辛勤劳动、诚实劳动"，"执着专注、精益求精、一丝不苟、追求卓越"，强调它们"是以爱国主义为核心的民族精神和以改革创新为核心的时代精神的生动体现，是鼓舞全党全国各族人民风雨无阻、勇敢前进的强大精神动力"。千千万万普通人通过不懈奋斗，在平凡的岗位上创造了不平凡的业绩，以实际行动诠释了中国人民具有的伟大创造精神、伟大奋斗精神、伟大团结精神、伟大梦想精神，丰富了社会主义先进文化的内涵。

知难而进、无所畏惧、勇于进取、奔腾不息是蒙古马精神一往无前精神特质的具体体现。在社会主义革命、建设、改革和新时代的伟大实践中，涌现出无数的先进典型人物，他们在各自的岗位上以国为家、甘于奉献、锐意进取、勇于创新，用一个个生动案例塑造了中华人民共和国的爱国者、建设者、创新者的光辉形象。

中华人民共和国成立后，"高炉卫士"孟泰、"铁人"

王进喜、"两弹元勋"邓稼先、"知识分子的杰出代表"蒋筑英、"宁肯一人脏、换来万人净"的时传祥等一大批先进模范，响应党的号召，带动广大群众自力更生、奋发图强。王进喜以"宁肯少活 20 年，拼命也要拿下大油田"的气概，带领石油工人为我国石油工业发展顽强拼搏，"铁人精神""大庆精神"成为激励各族人民意气风发投身社会主义建设的强大精神力量。改革开放历史新时期，"蓝领专家"孔祥瑞、"金牌工人"窦铁成、"新时期铁人"王启明、"新时代雷锋"徐虎、"知识工人"邓建军、"马班邮路"王顺友、"白衣圣人"吴登云、"中国航空发动机之父"吴大观等一大批劳动模范和先进工作者，干一行、爱一行，专一行、精一行，带动群众锐意进取、积极投身改革开放和社会主义现代化建设，在各自的领域为国家和人民创造了宝贵的财富。

在新时代背景下，改革创新成为中国发展的必然选择。首先，改革创新是应对国内外环境变化的必然选择。随着全球政治经济格局的不断变化，中国必须通过改革创新来适应新的国际环境，提升国家竞争力。其次，改革创新是解决国内深层次矛盾和问题的重要途径。中国正面临着经济转型、社会结构调整等一系列深层次矛盾和问题，只有通过改革创新，才能找到解决这些问题的有效途径。最后，改革创新是满足人民日益增长的美好生活需要的必然要求。人民对美好生活的向往是推动社会进步的根本动力,只有不断改革创新,才能满足人民的需求,不断增强人民群众的获得感、幸福感、安全感。

蒙古马精神一往无前的精神特质在社会主义文化改革和创新的土壤中得到进一步提炼与升华。中国特色社会主义事业是一项不断改革创新的事业。在党的领导下,全国各族人民团结一致,心往一处想、劲往一处使,不断开创事业发展新局面。面向未来,各族人民必将继续秉承这种一往无前的精神,用伟大奋斗创造新的历史伟业。

(三)如磐初心:为民服务的宗旨在社会主义先进文化中坚不可摧

中国共产党作为马克思主义政党,人民性是其本质特征。坚持人民性对中国共产党来说不是一个抽象的概念,而是要遵循中华文明发展的内在逻辑,按照自身的节奏和特征为中国人民谋幸福,为中华民族谋复兴;在构建面向未来的人类现代文明的中国形态过程中,促进人的全面发展,为人类社会的不断发展和进步作出贡献。

党的十八大以来,习近平总书记常怀忧患之思,常念人民之托,在治国理政实践中反复思考,围绕人民性发表了一系列重要论述。以习近平同志为核心的党中央坚持以人民为中心的发展思想，把增进人民福祉、促进人的全面发展作为一切工作的出发点和落脚点。在战略布局上，习近平总书记提出"四个全面"。其中，针对全面建成小康社会战略目标，强调"全面小康，覆盖的领域要全面，是五位一体全面进步"；"全面小康，覆盖的人口要全面，是惠及全体人民的小康"；"全面小康，覆盖的区域要全面，是城乡区域共同的小康"。针对全面深化改革，强调"要科学统筹各项改革任务"，"推出一批能叫得响、立得住、群众认可的硬招实招"，"把改革方案的含金量充分展示出来，让人民群众有更多获得感"。针对全面依法治国，强调要"努力让人民群众在每一个司法案件中都能感受到公平正义，决不能让不公正的审判伤害人民群众感情、损害人民群众权益"。全面从严治党，旨在保持党的先进性和纯洁性，锻造中国特色社会主义事业的坚强领导核心，是我们党提高执政能力，完成历史使命的迫切要求，为全面建成小康社会、全面深化改革、全面依法治国提供根本保证。面对执政考验、改革开放考验、市场经济考验、外部环境考验和精神懈怠危险、能力不足危险、脱离群众危险、消极腐败危险，习近平总书记告诫全党："党面临的'赶考'远未结束"，"所有领导干部和全体党员要继续把人民对我们党的'考试'、把我们党正在经受和将要经受各种考验的'考试'考好，努力交出优异的答卷"。

社会主义先进文化作为中国特色社会主义文化的重要组成部分，其本质特征在于其深厚的人民性。任何先进文化都是为人民服务的，因此，文化的先进性必须得到人民的广泛认同。这意味着先进文化应在人民心中占据普遍的主导地位，具有普遍性。

先进文化应来源于群众、服务群众，满足群众的精神需求，才能符合历史发展的规律，真正为群众所接受，在群众的支持下不断发展和进步。文化是人类社会实践的产物，社会主义先进文化是在人民群众求解放、谋发展的伟大实践中丰富和发展的，它来源于人民的生活，反映了人民的意志和愿望，是人民创造性和智慧的结晶。因此，社会主义先进文化从根本上说是人民的文化。社会主义先进文化以满足人民精神文化需求为出发点和落脚点，致力于提高全民族的思想道德素质和科学文化素质，促进人的全面发展。社会主义先进文化的发展离不开人民群众的创造性实践。人民群众是社会实践的主体，也是文化创造的主体。他们在改造自然和社会的过程中，不断创造出新的文化成果，推动社会主义先进文化的发展。同时，人民群众对美好生活的向往和追求，也为社会主义先进文化的发展提供了强大的动力。社会主义先进文化坚持以人民为中心的创作导向，推出更多反映人民主体地位和现实生活、群众喜闻乐见的优秀文化产品。它通过各种渠道和形式，如电影、电视、网络等，将优秀的文化作品传播给广大人民群众，让他们在欣赏文化产品的过程中，感受到社会主义先进文化的魅力。在全球化背景下，各种文化思潮相互激荡，社会主义先进文化以其独特的人民性特质，引领着社会文化的发展方向。

"吃苦耐劳、一往无前，不达目的绝不罢休"是蒙古马精神的核心精髓，其中"目的"二字是其核心要义。"目的"是蒙古马向往和追求的目标，蒙古马精神的人民性所在。蒙古马追求的永远是辽阔的草原，而不是精美的草料。中国共产党人的初心与使命是为中国人民谋幸福，为中华民族谋复兴。这个初心和使命是激励中国共产党人不断前进的根本动力。

蒙古马精神的人民性就体现为全心全意为人民服务。学习、践行蒙古马精神，重点在"格局"，核心在"目的"。蒙古马精神必须建立在全心全意为人民服务的基础之上，若脱离了服务人民这一核心目标，这种精神便会失去其真正的价值，甚至会变味、变质。因此，蒙古马精神最本质的特征就是它的人民性。这与社会主义先进文化的人民性是一脉相承的，它来源于人民、服务于人民、发展于人民、弘扬于人民、引领于人民，充分展现了人民群众在塑造和发展蒙古马精神过程中的主导作用。社会主义先进文化进一步丰富了"不达目的绝不罢休"的精神内涵，即"全心全意为人民服务"的宗旨，增强了蒙古马精神的人民性特质。

在中华民族悠久的历史长河中，社会主义先进文化与蒙古马精神的人民性紧密交织，蕴含着深厚的民族情感和丰富的文化底蕴，既彰显了我国社会主义文化的先进性，也展现了内蒙古各族人民坚韧不拔、勇往直前的精神风貌。

社会主义先进文化与蒙古马精神的人民性相结合，不仅丰富了我国社会主义文化的内涵，也为推动民族团结进步和共同繁荣注入了新的活力。在新的历史条件下，我们应当深入挖掘蒙古马精神的时代价值，推动其在社会主义现代化建设中发挥更大作用。一方面，我们要通过宣传教育、文艺创作、文化传承等多种形式，广泛传播蒙古马精神的人民性，让更多的人了解和认同蒙古马精神。另一方面，我们要将这种精神力量与具体实践相结合，引导人民群众在推动经济社会发展、维护民族团结、实现共同富裕等方面发挥积极作用。

（四）赤胆忠心：对党忠诚的决心在社会主义先进文化中坚定不移

对党忠诚是共产党人最根本的政治品格，它已经深深熔铸在百年大党的精神血脉之中，成为共产党人不可分割的一部分。这种忠诚体现了对党的信仰、对人民的承诺以及对事业的执着追求。中国共产党一路走来，经历无数艰险和磨难，但任何困难都没有压垮我们，任何敌人都没能打倒我们，靠的就是千千万万党员的忠诚。

对党忠诚不仅仅是对党的信仰、理论和路线的忠诚，更是对社会主义先进文化的忠诚。社会主义先进文化作为我们党在长期的革命、建设和改革实践中形成的宝贵精神财富，为对党忠诚提供了深厚的文化土壤和强大的精神支撑。

社会主义先进文化强调集体主义精神，这与党的宗旨和性质高度契合。对党忠诚，就是要把人民的利益放在首位，为了人民的利益而努力奋斗。社会主义先进文化倡导集体主义，强调个人利益服从集体利益，这为对党忠诚提供了精神支柱。社会主义先进文化强调爱国主义精神，这也是对党忠诚的重要体现。爱国主义是中华民族的民族心、民族魂，是中华民族最重要的精神财富。对党忠诚，就是要热爱自己的祖国，为了祖国的繁荣富强而努力奋斗。社会主义先进文化强调爱国主义精神，倡导热爱祖国、热爱人民、热爱社会主义事业，这为对党忠诚提供了坚实的思想基础。社会主义先进文化倡导科学精神，这为对党忠诚提供了科学的方法论指导。对党忠诚，不仅要有坚定的信仰和正确的价值观，还要有科学的方法和策略。社会主义先进文化强调科学精神，倡导尊重客观规律、实事求是、开拓创新，这也为对党忠诚提供了科学的方法论指导。社会主义先进文化倡导弘扬民族精神，这为对党忠诚奠定了坚实的文化基础。

蒙古马因忠诚成为战士在战场上可以信赖的战友，中国共产党人也应因忠诚成为党最忠诚最可靠的战士。"天下至德，莫大于忠"，对党忠诚是中国共产党人的政治底色，只有坚守对党忠诚的政治底线，才能在面对利益考验时坚持原则，才能在复杂严峻的斗争中站稳立场，才能在日常工作中始终铭记初心。

社会主义先进文化与蒙古马精神在培养对党忠诚方面发挥着至关重要的作用。通过大力发展社会主义先进文化，能够不断巩固其在强化党性教育和提升思想道德建设中的基础性作用，从而深化党员干部和群众对党的忠诚。一方面，社会主义先进文化依托其深厚的历史底蕴和鲜明的时代特征，为对党忠诚提供了坚实的精神支撑与丰富的文化滋养。另一方面，蒙古马精神以其坚韧不拔、忠诚不渝的特质，鼓舞着广大党员干部在新时代勇担使命、砥砺前行。在社会主义先进文化与蒙古马精神的共同影响下，广大党员干部更加坚定地忠诚于党、忠诚于人民，为实现中华民族伟大复兴的中国梦贡献智慧和力量。

第四章

蒙古马精神的历史担当

　　蒙古马精神作为中华民族精神宝库中的瑰宝，超越了地域和时间的界限，深植于中华民族的精神血脉之中。它从辽阔的草原延伸至整个中华大地，从历史的深处走向现代的前沿。自中国共产党成立之初，党就高度重视民族工作。内蒙古地区民族众多、战略地位重要，早期共产党人从一开始就密切关注该地区的革命斗争，并致力于帮助内蒙古解决民族矛盾，实现民族解放和民族平等。在这一过程中，蒙古马精神始终闪耀着璀璨的光芒，展现出其独特的价值与意义。在革命战争的硝烟中，蒙古马精神如同战旗上的火焰，激励着内蒙古各族人民为自治区的成立和中华人民共和国的建立而英勇奋斗。在社会主义建设的艰苦岁月里，它化作砥砺前行的力量，引领着北疆儿女在一穷二白的基础上，筑起了一座座工业的丰碑。改革开放的新时期，蒙古马精神再次焕发新的活力，成为推动社会进步和经济发展的强大动力，见证了一个又一个翻天覆地的变革。在这三个波澜壮阔的历史时期，蒙古马精神不仅是时代精神的鲜明昭示，而且通过无数杰出人物的事迹和重大事件的记载，生动地展现了其深远的历史发展和文化传承。这些人物和事件宛如璀璨的星辰，照亮了祖国北疆的精神天空，激励着我们不断前行。

一、金戈铁马：革命战争时期的挺身而出

在近代历史中，西方列强的侵略和腐朽的封建统治导致中国逐渐沦为半殖民地半封建社会，内蒙古各族人民在共产党的领导下，勇敢地进行了长期的反帝反封建斗争。在这场波澜壮阔的抗争中，无数英雄人物挺身而出，他们以大无畏的勇气和坚韧不拔的意志，书写了一部部感天动地的壮丽史诗。这些英雄身上展现出的精神如同蒙古高原上奔腾不息的蒙古马，忠诚而坚定、勇敢而顽强。他们不仅为内蒙古自治区的成立和中华人民共和国的建立贡献了力量，更以实际行动诠释了对祖国深沉的爱与对人民无限的忠诚。这种精神正是蒙古马精神的真实写照，它不仅激励着当时的北疆各族人民，也为后人树立了永恒的精神标杆。这些英雄的事迹如同一颗颗璀璨的珍珠，串联成了中国精神的宝贵项链，不断丰富着中华民族的精神内涵。蒙古马精神以其独特的魅力和深远的影响力，成为中国精神宝库中不可或缺的一部分，激励着一代又一代北疆儿女不懈奋斗。

（一）炽热忠魂：浴血奋战挺起民族脊梁

内蒙古近代历史上，从不缺为了地区发展鞠躬尽瘁的仁

人志士，他们为了改变家乡民生凋敝的落后面貌，让广大人民可以过上更加美满幸福的生活，历经千难万险，以钢铁般的意志，前赴后继、艰苦奋斗、砥砺奋进、踔厉奋发，他们的行动是对蒙古马精神最为生动的诠释。

二十世纪三四十年代，德国、意大利、日本等法西斯国家结成同盟，妄图瓜分世界，德国和意大利欲霸占西方，日本欲侵吞东方，法西斯势力猖獗一时。在这场世界反法西斯战争中，内蒙古各族人民在中国共产党的领导下进行了长达14年艰苦卓绝的抗日战争，为抗日战争的胜利作出了巨大的牺牲和不可磨灭的历史贡献。

在抗日战争的艰难岁月中，蒙古马精神成为激励内蒙古各族人民奋勇前行的强大动力。这种精神体现在坚韧不拔、英勇无畏和忠诚奉献等方面，为抗日战争的胜利起到了至关重要的作用。

自 1931 年"九一八事变"后，在不到 5 个月的时间内，日本就侵占了我国东北三省和内蒙古东部地区的主要城镇和铁路线。随着伪满洲国的建立，日军在内蒙古东部地区先后分设了兴安东、西、南、北四省隶属伪满洲国，统治内蒙古东部的广大地区。之后，日本侵略者西侵，占领了锡林郭勒盟和察哈尔部等内蒙古中部地区。1937 年"七七事变"后，日伪军大举西进绥远，内蒙古西部的大部分地区也沦为日本帝国主义的殖民地。日本侵略者还策划建立了伪蒙疆政权，该政权是其在我国北疆建立的伪蒙古国的雏形。他们企图进一步西侵我国大西北地区，再扶植一个伪回回国，以这三个伪政权来肢解和削弱我国北部边疆。

在中国共产党的领导下，内蒙古各族人民奋起抗日，冒着敌人的炮火，一往无前，积极开展搜集敌伪情报、购买军用物资、掩护地下斗争、安置伤病员、修筑工事、埋设地雷、送水送饭等抗日救亡运动；踊跃参加抗日义勇军、救国军、同盟军、游击队、骑兵支队、抗日联军等抗日武装，开辟抗日根据地，开展游击战，武装反抗日本帝国主义的侵略，使侵略者陷入了人民战争的汪洋大海之中。

据不完全统计，在抗日战争中，内蒙古各族人民共进行重要战斗六七百次，击毙、击伤、俘虏日伪军 2 万多人，击毁、缴获汽车 100 多辆，缴获枪支、弹药、马匹等物资无数，多次切断日军交通线，使其交通运输迟滞。这不仅起到了牵制日军西进南下，保卫陕甘宁边区的作用，减轻了华北敌后抗日根据地的压力，有力地支援了全国抗战，也粉碎了日本帝国主义企图建立伪蒙古国，分裂我国的战略图谋。内蒙古各族人民也作出了巨大牺牲，仅在大青山抗日游击战争中，就有 1000 多名战士献出了宝贵的生命。

抗战胜利后，内蒙古各族人民继续投身于革命运动中，为实现内蒙古地区的彻底解放而不懈努力。在中国共产党的领导下，内蒙古各族人民取缔了所谓的"内蒙古共和国临时政府"，整合了"东蒙古人民自治政府"，建立了中国共产党领导下的内蒙古自治政府，并进行了全面的社会改革。在解放战争中，内蒙古骑兵部队也发挥了重要作用，参加了震惊中外的辽沈战役、平津战役，在中国人民解放军历史上写下了光辉的一页。正如乌兰夫同志所说："内蒙古骑兵部队以无数可歌可泣的英雄业绩，写下了一章与兄弟部队并肩作战、发挥骑兵特长、屡建战功的历史。为辽沈战役、平津战役的胜利作出了应有的贡献。"内蒙古骑兵部队，这支在战火中成长起来的铁骑劲旅，为中华人民共和国的诞生作出了独特的贡献。为此，在中华人民共和国成立以来举行的历次阅兵式中，骑兵受阅 4 次，其中内蒙古骑兵部队就参加了 3 次。这是党和国家给内蒙古骑兵的最高荣誉和奖励，是内蒙古骑兵的光荣，也是内蒙古各族人民的光荣。

蒙古马精神是内蒙古各族人民的宝贵财富和精神支柱。它激励着北疆儿女为内蒙古的解放事业而努力奋斗。首先，蒙古马精神体现了坚韧不拔的意志。在恶劣的自然环境和艰苦的生活条件下，内蒙古各族人民顽强地生活着，与敌人进行殊死搏斗。他们不畏强敌，不惧艰险，用自己的血肉之躯筑起了坚不可摧的钢铁长城。其次，蒙古马精神彰显了英勇无畏的勇气。在战场上，内蒙古骑兵勇往直前，冲锋陷阵，用鲜血和生命捍卫了民族的尊严和国家的安全。他们的英勇事迹激励着更多的北疆儿女奋起抗敌，为祖国的解放事业奋斗不息。最后，蒙古马精神蕴含着忠诚奉献的深刻内涵。在革命战争年代，内蒙古各族人民与全国各族人民同呼吸、共命运，展现出了无私的奉献精神，以实际行动诠释了对国家的无限忠诚和深切热爱。

（二）赤诚丹心：救亡图存忠于革命信仰

提及蒙古马精神，我们首先必须深刻理解其包含的核心价值是对党的绝对忠诚以及坚定不移地维护党中央权威和集中统一领导。乌兰夫同志是蒙古马精神的践行者，也是一位忠诚的共产主义战士，他的一生充分体现了对党的无限忠诚和对共产主义事业的坚定信仰。乌兰夫同志为我们树立了忠诚于党、忠诚于人民的光辉榜样，他的行动和信念展现了对理想的执着追求和对责任的勇于担当。

1925年10月，19岁的乌兰夫受中共北方区委选派赴莫斯科中山大学学习，临行前作诗："赤帜镰刀举，为民解倒悬。胸怀救国志，肩负民族托。愿洒长虹血，赤遍我中华。"

抗战胜利后，内蒙古地区的情况非常复杂，中国共产党选派了对党赤胆忠心、政治智慧高超的乌兰夫带领工作组到内蒙古开展民族工作，确保了党中央对内蒙古工作的指示精神得到贯彻执行，使内蒙古各民族争取自由解放的斗争获得巨大成功。中华人民共和国成立前夕，内蒙古在党的领导下，成功建立了我国第一个省级少数民族自治区，这不仅是民族区域自治制度的一次重要实践，也是中国共产党民族政策的一次伟大胜利。

在之后的岁月中，乌兰夫同志继续以他的赤胆忠心忠诚践行党的宗旨。20世纪50年代末，由于受历史因素和自然灾害的影响，上海、江苏、浙江、安徽等地的孤儿院收容了许多孤儿。1959年，负责妇女儿童工作的康克清向时任内蒙古自治区主席的乌兰夫提出支援奶粉的请求。乌兰夫说，支援奶粉可以，但毕竟是权宜之计，不如把这些孩子接到内蒙古来抚养。在得到周恩来总理的支持和批准后，历史上著名的"三千孤儿入内蒙"行动得以实施，这些孤儿被亲切地称为"国家的孩子"。

乌兰夫光辉的一生，就是维护民族团结、维护国家统一、忠诚于党、奉献祖国的一生。他参与领导的百灵庙暴动，组建抗日武装蒙旗保安总队，成立内蒙古自治运动联合会，领导建立内蒙古自治区人民政府以及后来提出"保护牧场，禁止开荒"等政策，都是他作为一名无产阶级革命家忠诚与担当的具体体现。

在革命战争的艰难岁月中，乌兰夫同志屡屡不顾个人安危，投身于革命的洪流之中。在党的坚强领导下，乌兰夫等老一辈无产阶级革命家立场坚定、斗志昂扬、无所畏惧，不断把党和人民的事业推向前进。这种不懈奋斗的动力，源自于他们心中怀有的崇高共产主义理想和坚如磐石的信念。

习近平总书记强调："理想信念是共产党人精神上的'钙'，理想信念坚定，骨头就硬，没有理想信念，或理想信念不坚定，精神上就会'缺钙'，就会得'软骨病'"。我们要大力弘扬蒙古马精神，深刻领悟蒙古马精神中"忠诚"这一核心要义，用坚定的理想信念练就"金刚不坏之身"，对党绝对忠诚，把党和人民的事业继续推向前进。

（三）无所畏惧：一往无前坚定理想信念

在革命战争年代，内蒙古地区涌现出了众多具有共产主义信仰的青年人。他们为了民族独立和人民解放，流血牺牲，无所畏惧。他们始终团结一心、共同克服前行道路上的艰难险阻，他们身上彰显的蒙古马精神永不过时。

1923 年，李大钊指示在北京蒙藏学校发展党团员，培养少数民族干部，并建议在中共北京地委设民族工作委员会，专门负责少数民族工作。1 月，经李大钊等人介绍，韩麟符加入中国共产党，成为内蒙古地区第一位共产党员，并被派往蒙藏学校开展党的工作。4月，经中共北京地委委员韩麟符等人介绍，蒙藏学校的蒙古族学生荣耀先加入了中国共产党，成为内蒙古地区第一位蒙古族共产党员。

1923 年夏，荣耀先受中共北方党组织委派，利用暑假返乡的机会，回到家乡土默特动员当地进步青年来蒙藏学校学习。在他的动员下，归绥中学和土默特高等小学的吉雅泰、李裕智、多松年、乌兰夫等 30 多名进步青年，于这年秋天考入蒙藏学校。同时，内蒙古东部地区的一批蒙古族青年也进入了蒙藏学校。

1923 年冬，乌兰夫、奎璧、赵诚等加入了中国社会主义青年团。1924 年 3 月，多松年、李裕智、吉雅泰、孟纯、云润等人也相继加入了中国社会主义青年团。中共北方党组织在蒙藏学校成立了团支部，多松年、乌兰夫先后任团支部书记。这是蒙古族第一个青年团组织，后来团员发展到 42 名。以李大钊为首的中共北方党组织成功地把这批蒙古族进步青年团结在党的周围。

1924 年下半年，在党的精心培养下，这批来自祖国北疆的青年相继由共青团员转为中共党员。1923—1925 年，在北京从事革命活动的喀喇沁右旗蒙古族青年白海峰、乌文献和察哈尔正黄旗蒙古族青年纪松龄等也先后加入中国共产党。内蒙古地区的第一批共产党人在北京产生。

　　随着党员队伍的不断壮大，中共北方党组织在蒙藏学校建立了由蒙古族党员组成的第一个共产党支部，即中共蒙藏学校支部，多松年任党支部书记。这是中国共产党历史上第一个由少数民族党员组成的党支部。

　　李大钊等共产党人在为这些新生党员讲授马克思主义基本原理的同时，还非常注重对他们实际工作能力的锻炼，组织他们参加一系列革命活动。蒙藏学校的党团员多次担任北京学联组织的游行示威和纪念集会活动的组织者。孟纯曾被推选为北京学联常委，担任李大钊的交通员。多松年和佛鼎担任北京西城区党组织的宣传员，经常传送文件、散发传单。在迎接孙中山北上、召开国民会议促成会全国代表大会运动中，多松年、乌兰夫、康根成被抽调参与大会的筹备和宣传工作。

　　为了向内蒙古地区各族人民宣传革命、传播马列主义，中共北方党组织决定由蒙藏学校的党团组织创办一份革命刊物，定名为《蒙古农民》。这项工作由多松年、乌兰夫、奎璧具体负责，其中多松年负责编辑，乌兰夫和奎璧负责刻印和散发。1925 年 4 月，《蒙古农民》正式出刊。刊物设置的各种栏目都以通俗易懂的方式宣传党的反帝反封建民主革命纲领。《蒙古农民》共出了 4 期，被广泛散发到内蒙古地区，影响了一批进步青年投身革命。

这批来自内蒙古地区的青年革命者是蒙古马精神的践行者，他们忠于职守，始终听党话、跟党走；他们甘于奉献，对党的事业全心投入、迷恋至深、乐在其中；他们一往无前，不达目的绝不罢休。蒙古马精神的力量，归根结底是内蒙古各族人民信念的力量。坚定的信念是团结人民共同奋斗的精神纽带，这种精神是引领各族人民群众前进的旗帜，是战胜一切艰难险阻的精神支柱和力量源泉。

（四）矢志不渝：舍生取义无惧荆棘载途

抗日战争时期，内蒙古各族儿女团结一心，共同筑起了抗击外来侵略的坚固防线。在抗击日本侵略的第一线，涌现出许多来自内蒙古的革命英雄，他们以坚定的信念和无畏的勇气，为国家的独立和民族的解放作出了巨大贡献。其中，刘洪雄便是这些英雄儿女中的杰出代表。他身上所体现的蒙古马精神——无惧风险挑战、时刻心系祖国和人民——至今仍然熠熠闪光，激励着我们每一个人。

刘洪雄，1907 年出生于内蒙古呼和浩特市土默特旗滕家营村的一个贫寒农民家庭。自幼对知识有着强烈渴望的他，1924 年考入山西太原国民师范学校。在学校期间，他遇到了共产党员王瀛老师，受到其影响，于 1926 年加入了中国共产党，并很快投身于革命活动。

"九一八事变"后，刘洪雄响应党的号召，加入东北抗日义勇军第三路军，担任通讯大队长、支队长。1932年初春，他率领部队转战辽南地区，给日本侵略者以沉重打击。1933年5月，他被党组织委派到察哈尔抗日同盟军担任团长，与徐成德等有志青年一同奔赴抗日前线。7月，他跟随吉鸿昌将军转战察哈尔草原，在攻克多伦的战斗中，身先士卒，身负重伤仍坚持战斗，受到嘉奖。随后，他率领全团官兵在察哈尔草原上收复了4个旗县，极大地振奋了全国人民的抗战信心。

1934年春，刘洪雄协助创办私立名言小学，并邀请共产党员王建功等进步分子任教，利用学校基地向学生宣传抗日救国道理，影响了许多学生，使他们走上了革命道路。1938年冬，刘洪雄被党组织派遣进入归绥市开展地下斗争。他通过伪协和安民救国军的关系，在徐秉初部队里取得旅长职位，并打入日本宪兵队担任少校参谋。他利用合法身份，搜集敌伪情报，购买军需物资，并设法运送到抗日根据地。他还与归绥市中共地下党员张克敏、贾恭取得联系，逐步打开地下工作局面。为了便于斗争，刘洪雄在归绥旧城三官庙街开设杂货铺，在南柴火市开设焙子铺作为联络据点。他们的秘密会议都在这两个店铺内举行，所获情报都由彭光华送出城，经南平川党支部转往抗日根据地，上级的指示精神也从这些渠道下达。这些情报为党在内蒙古地区的抗日救亡活动起到了重要作用。

1939 年 5 月，中共绥远省委派遣宁德青等人潜入归绥市与刘洪雄共同开展地下工作。刘洪雄了解到归绥旧城财神庙的"蒙疆道教会"组织后，主动与他们接触，启发他们的民族觉悟，吸收他们参加地下抗日斗争。他们共同成立了中国共产党的外围组织、群众性抗日团体——绥蒙各界抗日救国会（简称救国会），并把财神庙"蒙疆道教会"作为秘密据点。他们通过亲朋、同学、同事等关系发展救国会会员 200 多人。在发展救国会的同时，刘洪雄等领导人还特别注意吸收优秀分子加入党的组织，壮大党的力量，救国会会员中有不少人加入了共产党。随着党员数量的不断增加，救国会下设铁路、工厂、学校 3 个党支部，并通过在归绥城乡各地设立的多处活动据点和联络点，建立起一个地下活动网。各界人士为八路军筹集的粮款，购买的军用物资、枪支弹药以及收集到的情报通过地下交通员和地下活动网，源源不断地被转送到游击区，有力地配合了大青山游击战争和游击根据地的建设工作。

1940 年 8 月 23 日，刘洪雄和彭光华化装成香客去财神庙转移藏在庙里的文件，被守候在庙里的特务逮捕，关押在旧城的日本宪兵总部。敌人在狱中对刘洪雄施以残酷的刑讯逼供，但他始终坚守党的机密，不吐一字。在牢房中，他写下了于谦的名诗，表达了自己宁死不屈的决心，并鼓励难友们要有为革命牺牲的精神。1940年9月的一天，敌人再一次把刘洪雄提到刑讯室进行审讯，刘洪雄依然大义凛然，毫不畏惧。几个特务气急败坏，一拥而上用绳子勒住他的脖子，用木棒猛击他的头部。刘洪雄为了抗日救国，为了党的革命事业献出了宝贵的生命，牺牲时年仅33岁。

刘洪雄的一生是为民族解放和社会进步不懈奋斗的光辉历程。绥蒙各界抗日救国会在内蒙古抗日斗争史上写下了光辉的篇章，刘洪雄的名字将永远镌刻在中国革命的丰碑上。在我国的领土和尊严遭到西方列强践踏的危急时刻，他展现出了不畏艰险、赤心报国的伟大精神品质，他的英勇事迹和崇高精神将永远激励着更多的人为国家的繁荣和民族的复兴而努力奋斗。

（五）共克时艰：众志成城铸就钢铁长城

民族危亡之时，中国共产党提出了建立抗日民族统一战线的伟大构想，得到了全国各族人民的拥护和支持。在此期间，全国上下齐心协力、一致对外，充分彰显了蒙古马精神，展现了民族团结和不屈不挠的斗志。

抗日战争是近代以来中国抵御外侮第一次取得完全胜利的民族解放战争，这场战争的影响已经远远超出了战争本身。

在这场关乎民族生死存亡的战争中，全国各族人民团结一致、同仇敌忾。抗日战争的烽火极大地唤醒了中华民族的生命力和凝聚力，提振了中华民族自强不息的民族精神，全国各族人民更加积极地投身于抗日战争，为战争的最终胜利作出了重要贡献。

在内蒙古自治区档案馆中，珍藏着一份由绥察行政公署于1942年发布的《告蒙古同胞书》。这份文献虽然篇幅不长，但其激昂的文字至今仍振奋人心："亲爱的蒙古同胞们！我们应该抓紧时机团结起来，反对敌人的挑拨离间，组织抗日武装，反对敌人训喇嘛抽壮丁，不给敌人当炮灰……"这份文献是抗日战争时期中国共产党号召内蒙古各族人民团结抗日的一个生动例证。当时，蒙古民族在沦陷区遭受日本帝国主义的殖民统治，政治上几乎没有权利和独立性，处于附属地位。中国共产党十分关注蒙古民族的解放斗争，并相继制定了一系列方针和政策。

中共中央西北工作委员会先后派人到伊克昭盟和土默特旗进行政治和社会调查，深入研究蒙古民族问题，争取和团结蒙古民族共同抗日。1940年冬至1941年春，陕甘宁边区政府民族事务委员会和延安蒙古文化促进会还组织边区一些著名文化界人士深入伊克昭盟开展蒙古文化考察，回到延安还举办了蒙古文化展览和蒙古民歌联唱会。1940年7月，中共中央西北工作委员会在进行充分调查研究的基础上，代中央拟定了《关于抗战中蒙古民族问题提纲》，提出了对蒙古民族的9项26条具体政策。1942年10月，绥察行政公署发布《告蒙古同胞书》，广泛宣传党的民族政策，进一步揭露日本帝国主义宣传所谓的"蒙疆乐土"的实质，号召广大蒙古族人民"团结起来，反对敌人的挑拨离间，组织抗日武装"，"反对一切蒙奸伪组织，配合全世界人民的反侵略斗争，争取我们抗日的完全胜利，争取蒙古民族的解放"。

八路军在开展游击战争的过程中，广泛宣传和贯彻执行党的民族政策，密切联系蒙古族各阶层，切实保护蒙古民族利益，尊重蒙古族风俗习惯，受到了蒙古族群众的欢迎。在八路军活动的各游击区，蒙古族群众都衷心拥护共产党的抗日主张和民族政策，与共产党、八路军形成了亲密团结的关系。他们以各种不同的方式支援抗日游击战争，如察素齐的沙尔沁、把什、达尔架一带和绥中灰腾梁的那斯太、黄花圪墩、转山子、乌兰合叶、独贵沟一带的蒙古族群众，都为抗日做了大量工作，不仅展示了蒙古族人民的爱国情怀，也彰显了蒙汉民族团结抗敌、共同捍卫国家主权的坚定意志。在这场伟大的斗争中，蒙汉人民共同谱写了许多感人至深的动人事迹。

近代以来，在拯救民族危亡的伟大斗争中，各族人民并肩作战，共同谱写了可歌可泣的壮丽史诗，共同捍卫了国家统一。在抗日战争中，内蒙古各族人民凝聚在最广泛的抗日民族统一战线旗帜下，他们所依靠的，正是"团结"这一强大的精神武器。他们所激发出的，是荣辱与共、生死相依、不离不弃的蒙古马精神的核心价值，彰显了中华民族空前觉醒焕发出来的凝聚力。这种凝聚力的空前展现，不仅成为打败日本法西斯军国主义的决定性因素，也为我们今天万众一心推进民族复兴伟业提供了宝贵精神财富。

二、一马当先：社会主义革命建设时期的顽强奋进

蒙古马承载着无数的传说与荣耀，以坚韧不拔的意志和顽强的生命力，成为辽阔北疆的传奇。无论面对多么恶劣的环境，蒙古马总能展现出不屈不挠的桀骜与坚毅。它们的蹄声如同战鼓激荡在广袤的草原上，激励着一代又一代北疆儿女以不屈的勇气和坚定的信念面对生活中的一切挑战。蒙古马精神早已深深植根于我们的民族性格之中，成为内蒙古各族人民在面对困难和挑战时所展现出的坚韧不拔、勇往直前的民族精神。特别是在中华人民共和国成立之初，内蒙古百废待兴，人民生活困苦，正是蒙古马精神，鼓舞着北疆儿女

不畏艰难，勇于开拓，共同书写了社会主义建设的内蒙古篇章。

（一）出以公心：无私奉献体现责任担当

蒙古马精神蕴含着吃苦耐劳的无私奉献精神。内蒙古地处祖国北疆，条件比较艰苦，"特别能吃苦"是内蒙古各族人民的精神风貌。草原英雄小姐妹龙梅、玉荣的事迹，生动体现了内蒙古人民无私奉献的精神，激励着北疆儿女艰苦奋斗，奋发向上。

1964年初春，乌兰察布盟（今乌兰察布市）的达尔罕草原开始返青，两个小姑娘正赶着羊群在向前奔跑，大一点的孩子叫龙梅，小一点的孩子叫玉荣。自懂事起，龙梅和玉荣就是在严格的劳动教育和集体主义思想教育中成长起来的，在她们眼中，"公社的"就是"自己的"，放牧的羊是集体的财产。

一天，龙梅和玉荣像往常一样，赶着384只羊在草原上放牧，边走边聊。正午时分，她们刚翻过一片尚存积雪的土坡，准备休息并吃点东西。此时，天边突然乌云密布，她们意识到暴风雪就要来了，必须迅速行动。就在她们试图引导羊群返回时，狂风卷着雪花已经席卷而来，羊群在恐慌中四散奔逃。两个小姑娘为了不使羊群走失，不顾个人安危，紧跟其后，消失在茫茫雪海中。随着夜幕降临，气温骤降至零下37摄氏度，姐妹俩在刺骨的寒风中坚守着，保护着羊群。她们与暴风雪搏斗了一天一夜，终于将羊群安全引导至一个背风的高地。极度疲惫的她们在石坡上相依而眠，直到清晨被火车声唤醒，方知已抵达白云鄂博火车站附近。由于长时间的严寒和劳累，姐妹俩最终陷入昏迷，被亲人和搜救人员发现并紧急送往医院。经过医护人员的不懈努力，龙梅和玉荣脱离了生命危险，但严重的冻伤导致龙梅失去了左脚拇指，玉荣不得不接受截肢手术。共青团中央对她们的英勇行为表示高度赞扬，授予她们"草原英雄小姐妹"的荣誉称号，并号召全国少年儿童以她们为榜样，学习她们无私的集体主义精神和勇敢无畏的品质。

60 年后的今天，面对年轻一代的疑问："当年姐妹俩为了保护一群羊，几乎付出了生命的代价，这样做真的值得吗？"我们应该深刻反思：她们所守护的真的只是一群羊吗？她们的行为真的只是一时冲动的英雄壮举吗？事实远非如此。那群属于公社集体的羊不仅代表着社会主义和集体主义的崭新生活，也承载着草原人民对于当家作主、生活富足的美好期望。她们的壮举是根植于北疆儿女血脉中的蒙古马精神的深刻彰显，体现了她们对于崇高道德标准和社会责任的坚定承诺与忠诚守护，反映了中华民族在苦难面前宁愿自我牺牲，也要奋勇抗争的高尚品质和崇高精神。正是这种精神，让那个时代的人们坚守着对国家和集体利益至上、无私奉献的理想信念。

（二）勤勉笃行：情系群众不忘为民初心

在历史的长河中，北疆儿女以其勤勉笃行的精神，在这片广袤的土地上谱写了一曲曲动人的赞歌。他们不畏风霜雨雪的考验，始终坚守着对美好生活的追求，肩负崇高的使命，展现出蒙古马精神的坚毅与不屈。在这一伟大精神的感召下，乌兰牧骑作为一支特殊的文化队伍，60 多年来始终秉承忠于党、忠于祖国、忠于人民的宗旨，通过流动演出的形式，将欢乐和文明带给广大农牧民，传递了党的声音和关怀。乌兰牧骑精神不仅是内蒙古各族人民的宝贵精神财富，更是蒙古马精神在新时代的鲜明标识。

乌兰牧骑，蒙古语，意为"红色的嫩芽"，后被引申为"红色文艺轻骑兵"，指的是活跃在草原上的文艺团队。2017 年 11 月，习近平总书记在给内蒙古苏尼特右旗乌兰牧骑的队员们回信中写道："从来信中，我很高兴地看到了乌兰牧骑的成长与进步，感受到了你们对事业的那份热爱，对党和人民的那份深情。"他勉励乌兰牧骑的队员们"扎根生活沃土，服务牧民群众，推动文艺创新，努力创作更多接地气、传得开、留得下的优秀作品，永远做草原上的'红色文艺轻骑兵'"。

　　1957 年 6 月 17 日，内蒙古第一支乌兰牧骑在锡林郭勒盟苏尼特右旗成立。第二天，9 位队员带着两块幕布、三盏煤油灯、五件乐器，举着红旗，甩着响鞭，坐着马车，向偏远的牧区进发。这一走，就是 60 多年。历经 60 余载的风雨兼程，乌兰牧骑从最初的简易文艺小分队，壮大成为今天拥有 75 支队伍、3000 多名队员的庞大队伍。他们每年奉献超过 7000 场的精彩演出，累计行程超过 130 万公里，为农牧民及各族群众带来了 36 万多场的文化盛宴，触及了 2.6 亿人次的心灵，成为中国当代文艺的传奇。60 多年来，在党的领导下，一代代乌兰牧骑队员不忘初心、牢记使命，迎风雪、冒寒暑，长期辗转跋涉于草原，发扬乌兰牧骑优良传统，弘扬乌兰牧骑精神，始终扎根基层、服务人民，永葆本色、无私奉献，守望相助、艰苦奋斗，为广大农牧民送去歌声与欢乐。

　　乌兰牧骑，这个名字在内蒙古广袤的草原上，如同一颗璀璨的明珠，历经岁月的洗礼而愈发光彩夺目。这些草原上的文化使者不仅将艺术的种子撒向每一个角落，而且成为民族团结的桥梁和文化传承的守护者。他们被农牧民亲切地称为"玛奈乌兰牧骑"（蒙古语，意为"我们的乌兰牧骑"），在牧民心中，他们就像自己的孩子一样，被深情地称作"玛奈呼和德"（蒙古语，意为"我们的孩子"）。乌兰牧骑的队员们怀着对草原深深的热爱和敬意，创作了数万个深受人民群众喜爱的文艺节目。他们的艺术作品如同草原上的野花，绚烂多彩，生机勃勃。乌兰牧骑不仅是艺术创作的摇篮，更是艺术家成长的沃土。从这里走出了拉苏荣、德德玛等一批又一批蜚声中外的优秀艺术家。他们的歌声如同草原上的风，吹遍了祖国的大江南北，影响了一代又一代的中国文艺工作者。

乌兰牧骑是社会主义文艺战线上的一面旗帜，是享誉当代的内蒙古民族文化品牌，是蒙古马精神的重要文化载体。乌兰牧骑的创建与发展经历了几代人的艰苦拼搏，得到了内蒙古各级党委、政府的重视关怀和各族群众的支持帮助，更凝聚着党和人民的深情厚爱。一代又一代乌兰牧骑队员像蒙古马一样坚韧不拔，克服了各种困难，将社会主义新文化传播到农村牧区的每一个角落。

（三）精诚团结：齐心协力共建国之重器

蒙古马在青青草原上奔腾，在黄沙漫卷中前行，在皑皑白雪中留下坚定的足迹。在无数艰难的时刻，蒙古马展现出的是不屈不挠、勇往直前的精神，这种精神塑造了它的形象，成为内蒙古各族人民的精神财富，是中华民族精神宝库中的璀璨明珠。在中华民族5000多年的发展史中，多少次民族危亡之际，多少次必须迎难而上之时，亿万人民都咬紧牙关，抱着必胜的决心，创造了一个个令国人骄傲、令世人震惊的成绩。其中，包钢的诞生和发展生动诠释了蒙古马精神，也展现了中华民族白手起家、不畏困难、艰苦创业的创业精神。

1959 年 10 月 15 日，巍巍阴山下，滔滔黄河北，周恩来总理亲临包钢，为一号高炉剪彩，包钢人将党和国家领导人的殷切期望化作前行的动力。包钢人艰苦奋斗、砥砺前行，经过 70 年的风雨兼程，包钢已经发展成为全国特大型钢铁稀土联合工业企业，成为内蒙古大地上的一颗钢铁明珠，挺起了我国北疆屹立不倒的钢铁脊梁。

包钢，作为中华人民共和国成立初期国家 "一五" 计划中的 156 个重点项目之一，自 1954 年筹建起便承载着国家工业化的重任。在短短 5 年的时间里，包钢就迅速崛起为全国三大钢铁企业之一。1957 年 7 月 25 日，昆都仑河西岸响起了包钢厂区建设工程开工的礼炮声，标志着包钢正式迈入了大规模建设的新纪元。在那个充满希望的年代，玛拉沁夫创作的《草原晨曲》以悠扬的旋律和振奋人心的歌词，成为包钢建设者心中的精神赞歌，传唱至今，激励着一代又一代包钢人。

然而，包钢在建设过程中遭遇了重重困难，尤其是在资金、人力和物资方面严重短缺。原计划在苏联专家协助下于 1960 年建成投产的一号高炉，在实施过程中遭遇了前所未有的挑战。设备短缺、材料匮乏，这些困难如同巨石一般挡在了包钢发展的道路上，成为中华人民共和国社会主义建设中必须克服的难题。面对这些挑战，包钢的建设者们从未退缩，他们以坚定的意志和不屈的精神，迅速调整策略，动员全国的力量，集中资源，共同攻克难关。自治区党委向党中央汇报了包钢的困境，毛泽东主席随即作出重要指示，要求想方设法解决包钢的困难。1959 年，《人民日报》发表社论，呼吁全国支援包钢建设，掀起了一股全国性的援建热潮。在党中央的号召下，全国各地的援建人员和物资纷纷涌向包头。鞍山钢铁公司不仅提供了大量钢材，还派出了 7000 多名干部和工人，其中包括全国劳动模范孟泰等技术专家。沈阳、唐山、合肥、大连等地的企业加班加点生产设备。北京军区、空军和民航负责运送物资和设备。在这片热土上，包钢建设工地上机器轰鸣，塔吊挥舞着巨臂，一节节高炉拔地而起。来自祖国四面八方的包钢建设者们在草原上筑起了现代化的钢城，书写了"各族人民建设包钢，白云鄂博献宝藏"的壮丽篇章。在那个火红的年代，他们怀着满腔的激情，在草原上建起了一座座巍峨的高炉，用坚定的意志和勤劳的双手创造了一个又一个奇迹。包钢的建设不仅是对我国工业实力的一次重大考验，更是对包钢人精神的一次深刻磨砺。在技术、原材料和经验极为匮乏的情况下，包钢人凭借坚韧不拔的蒙古马精神，攻克了一个又一个技术难关，实现了从无到有的跨越，为我国社会主义建设贡献了巨大的力量。包钢的建设历程是我国工业发展史上的一座丰碑，是包钢人永不言弃精神的生动写照。

中华人民共和国成立之前，在塞外草原铸造钢铁几乎是难以实现的幻想。在党中央的支持下，在全国各地的援助下，内蒙古各族人民发扬蒙古马不畏艰险、坚持不懈的精神品质，勇敢地面对挑战，最终成功建成了包钢。这是内蒙古具有划时代意义的伟大事件，为我国的钢铁事业作出了重要贡献。

（四）家国情怀：忍痛割爱彰显赤子之心

家国情怀是中华民族精神的重要组成部分，它代表着个人对国家和民族的深厚情感。在内蒙古，家国情怀与蒙古马精神相结合，孕育出了一种独特的文化气质和精神风貌。蒙古马精神不仅是北疆儿女在艰苦环境中砥砺前行的精神象征，更是他们面对挑战时不屈不挠、勇往直前的宝贵品质。这种精神历经岁月的沉淀，已经成为内蒙古人民文化基因中不可或缺的一部分。它深植于这片古老土地的历史长河中，见证了无数北疆儿女在历史风云中的奋斗与牺牲。从抵御外侮到建设家园，从经济建设到文化繁荣，每一次重大的社会变革和发展进步，都离不开这种精神的支撑和激励。在这一过程中，北疆儿女展现出的不仅是对个人梦想的追求，更是对家国情怀的坚守和传承。从神舟一号到神舟十七号，从茫茫大漠到无边草原，神舟飞船的每一次发射、着陆，都发生在祖国北疆内蒙古。这里的人们心有家国，志在千里，舍小家为大家，为实现中华民族的航天梦贡献力量。

为全力支持国家载人航天工程，每当飞船发射，自治区党委和政府都要组成协调小组，召开协调会，落实责任、分工，解决涉及的安全、交通、电力、牧民疏散等问题。从神舟一号发射到神舟十七号回收，内蒙古各族人民默默地支持着祖国的航天事业。

居住在发射中心原址的牧民多数是 17 世纪末到 18 世纪从伏尔加河畔长途跋涉回归祖国的蒙古族土尔扈特部的后人。1958 年，为建造我国第一座卫星发射场，这里的 300 多户 1400 多名牧民开始了长达 8 年、三易其居的生活，他们让出黑河沿岸近 4 万平方公里最美的家园。

当年的南斯勒玛才 16 岁，回想起那段日子她还历历在目。一家人收起毡房、赶着牛羊，骆驼上驮着三大箱家当，与其他 300 多户牧民一起离开了世代生活的家园。之后不久，曾经的牧场上建成了著名的酒泉卫星发射中心（又称东风航天城）。当年 5 月到 9 月底，牧民们从世代繁衍生息的额济纳河上游水草丰美的牧场，全部搬迁到 140 公里之外的沙漠腹地，当年搬迁的牧民占全旗人口的 1/4，牲畜占全旗牲畜总数的一半，为国防事业让出牧场 3000 多亩。

在回收地四子王旗，为了飞船顺利回家，这里的牧民同样作出了无私的奉献。追随着神舟飞船的一次次归来，回收车队必须要一次次穿越牧民们的围封草场。车辆轧过的草地需要好几年才能重新长出草来，但牧民们对此从没有怨言。

牧民徐冠峰还清晰地记得，神舟一号发射升空当夜，进入飞船着陆区回收着陆舱的搜寻部队在暴风雪中迷了路，战士们来到他家求援。"这可是天大的事，自己很愿意做点啥。"他给战士们煮了一锅热腾腾的羊肉。第二天一早，他又为部队找来一位老向导带路，最后战士们顺利完成了搜寻任务。

神舟五号发射前夕，几场雨雪使通向飞船着陆场的土路泥泞难走，党政军有关部门调集沿途所有修路器械，组织人力，全天候抢修。牧民们也纷纷带上工具，自发地加入修路大军中。长约 60 公里的简易公路，在短短几天内就重新全线贯通。每次飞船发射，千里草原上都展开回收火箭残骸大行动，牧民们开车、骑摩托车、骑马、骑驴、骑骆驼帮助搜寻部队寻找残骸，不少牧民全家出动。

牧民们为奉献而感到自豪，缘于在他们的牧场上建立起来的东风航天城书写了中国航天事业的多个"第一"：第一次导弹核武器试验，第一颗人造卫星，第一颗返回式卫星，第一枚远程运载火箭，第一艘载人飞船……牧民们为奉献而感到骄傲，因为在他们的草原上回收的飞船已经悄然改变一座小城："神舟家园"成为四子王旗最闪耀的名片，当地依托神舟回收地的区位优势，充分发挥"神舟文化"品牌效应，为当地经济和社会发展赋能增效。越来越多的人走进这里，也有更多的人怀揣着梦想走出草原，走向更广阔的天地……

家国情怀是北疆儿女心中最深沉的情感，它超越了个人的得失，体现了对国家和民族的无限忠诚和热爱。从额济纳旗到四子王旗，内蒙古的千里草原见证了神舟飞船的一次次升空与凯旋，北疆儿女在这片热土上谱写了一曲曲"家国情怀"的颂歌。他们以实际行动诠释着蒙古马精神，他们不畏艰难，勇于担当，将个人的命运与国家的前途紧密相连。在支持国家航天事业的伟大征程中，他们展现出了极高的牺牲精神和奉献精神，用实际行动彰显了对国家的无限忠诚和对民族的深厚情感。

（五）大爱无疆：团结互助诠释中华民族一家亲

同舟共济、守望相助不仅是蒙古马精神的生动写照，也是中华民族精神的集中体现。它如同一条纽带，将全国各族人民紧密相连，成为我们团结奋进的坚强基石。在内蒙古大地上，这种团结互助精神得到了充分的展现，激励着各族人民携手奋进，共同书写民族团结与繁荣发展的新篇章。2021年3月，习近平总书记参加十三届全国人大四次会议内蒙古代表团审议，提到了"三千孤儿入内蒙"的历史佳话。三年困难时期，内蒙古的牧民群众奉献爱与担当，抚养"国家的孩子"，生动诠释了中华民族大家庭中各族同胞手足相亲、守望相助。

1959—1961年，全国面临中华人民共和国成立以来前所未有的严重经济困难，上海、江苏、安徽等地被政府收养的几千名孤儿因为粮食不足，面临营养不良的威胁。这些幼小的孩子该怎么办？党和国家决定把他们送到牛奶和肉食相对充足的内蒙古草原。

1960年5月9日，自治区党委对自治区卫生厅党组《关于1960年收容并入儿童工作的具体计划》作出批复并强调："希望你们迅速具体把这一工作抓起来，一定要做到收一个，活一个；活一个，壮一个。"

1960—1963年，内蒙古先后接纳了3000多名孤儿，这些孤儿被称为"国家的孩子"。当时的内蒙古虽然也经受着困难时期的严峻考验，但内蒙古各族群众主动担起这份国家责任。年迈的额吉（蒙古语，意为"母亲"）、中年妇女、新婚夫妇，有的骑着马，有的赶着勒勒车，争先恐后前来收养这些孤儿。

当时，为了更好地保障幼儿的健康和安全，内蒙古的育婴院招收和训练了一批保育员，她们主要是一群具有一定文化程度、身体健康的青壮年妇女。这些年轻的姑娘们成了孩子们的"额吉"，她们尽职尽责、全心全意地照顾着孩子们。都贵玛就是其中一员。

1961 年，年仅 19 岁的乌兰察布盟（今乌兰察布市）四子王旗脑木更苏木牧民都贵玛被分配到四子王旗保健站，抚养旗里刚刚接收的 28 名"国家的孩子"。这些孩子最小的刚刚满月，最大的也才 6 岁。都贵玛用温柔的爱和宽广的胸怀，给了孩子们一个温暖的家。从喂奶喂饭到卫生护理，她常常不眠不休；孩子生病了，她冒着凛冽寒风和被草原饿狼围堵的危险，深夜骑马奔波几十里去找医生。在她的悉心照料下，28 个孩子没有一个因病致残，更无一人夭折，在那个缺医少药、经常挨饿的年月，堪称奇迹。就这样，草原"额吉"用自己的大爱，践行了"收一个活一个、壮一个"的承诺。

"三千孤儿入内蒙"的历史佳话充分体现了党对人民的关心关爱，各族人民亲如一家的深情厚谊，内蒙古各族人民的大爱无疆。草原"额吉"以实际行动生动体现了民族团结互助的崇高品质。在中华民族的历史长河中，流传在内蒙古大地上民族团结互助的佳话不胜枚举，这些故事不仅映射出民族团结的深厚传统，更彰显了中华民族团结友爱的不朽精神。这一精神传统是蒙古马精神的体现，也是中华儿女共同的精神财富。正是这种守望相助、同甘共苦的蒙古马精神，支撑着我们这个多民族国家历经风雨而始终保持团结统一，不断向前发展和壮大。

三、万马奔腾：改革开放时期的开拓创新

改革开放以来，内蒙古这片辽阔的土地发生了翻天覆地的变化。在这一历史进程中，蒙古马精神不仅得到了传承与发扬，更与改革创新、积极进取的时代精神相融合，焕发出新的光芒。它激励着内蒙古各族人民以更加开放的心态拥抱世界，以更加创新的思维推动发展，以更加坚定的步伐走向繁荣。在内蒙古的大街小巷、工厂田间、学校社区，我们都能深切地感受到这种精神的力量。它似不竭的动力，提升着人民的精神世界，推动着内蒙古的经济发展和社会进步。

（一）敢想敢干：领先一步开拓富民之路

改革开放之初，发展经济是党和国家最主要的任务，要想改变中国积贫积弱的现状，就要解决农民群众最关心的问题，即土地问题。伴随着改革开放的春风，内蒙古各族人民发扬吃苦耐劳、一往无前、敢为天下先的精神，创造了一个

又一个改革和致富的奇迹。

中国农村土地改革的第一枪是 1978 年安徽省凤阳县小岗村"大包干"打响的，在千里之外的内蒙古高原，北疆儿女也在跃跃欲试，探索新的出路，内蒙古地区也有个改革的"塞外小岗"。1973 年，内蒙古伊克昭盟（今鄂尔多斯市）达拉特旗的树林召公社白柜大队，拉开了内蒙古农业改革的序幕。该生产队地处黄河岸边，是典型的"白碱滩"，从远处望去，白茫茫一片，耕作一年，连籽种也收不回来。群众有段顺口溜："蚊子咬，蛤蟆叫，天阴下雨走不了。"当时社员吃的是返销粮，4 斤马铃薯顶 1 斤粮食，困难年景就拿高粱面当主食，腌甜菜叶子当副食，但还是吃不饱。土地贫瘠，自然灾害频发，人民公社体制下集体生产的低效率，使当地居民生活非常贫困。

面对这种情况，一位富有远见的生产队长，为了改善群众的生活状况，毅然决定尝试"包产到组"的生产方式。这一改变虽然在当时的社会环境中显得尤为大胆，却也带来了立竿见影的效果。生产队成员的积极性被激发，不仅解决了温饱问题，还超额完成了公社下达的任务。然而，这一创新之举并未得到官方的认可，改革尝试被迫中止。1978 年春，在达拉特旗耳字壕镇康家湾村，一位名叫赵丑女的普通农妇，成为个人承包集体土地的先行者。面对全家人在温饱线上挣扎的困境，她勇敢地申请承包了 14 亩土地。生产队在权衡利弊后，决定冒险批准她的请求。她不畏艰难，通过打深井、上水车、改良土壤等一系列措施，将贫瘠的土地变成了肥沃的良田。通过她的努力，粮食产量提高了，家庭收入增加了。地方政府鼓励她继续耕作，并将她的经验推而广之。康家湾参照赵丑女的方式又开了伊克昭盟"包产到组"的先河。赵丑女和康家湾的做法得到了伊克昭盟委的肯定，由此全面拉开了伊克昭盟农村生产责任制改革的序幕。1979 年，赵丑女成了"大包干"的典型，被评为自治区劳动模范。就在这一年，康家湾全村实行了"包产到组"，解决了全村的温饱问题。

到了 1980 年底，"包产到户"已经在伊克昭盟广泛实施，该地区成为自治区最早进行农村生产责任制改革的典范。伊克昭盟成为自治区最早进行农村生产责任制改革的盟市。

从安徽小岗到"塞外小岗"，尽管相隔千里，但两地都不约而同地实行了"大包干"制度，这一事实充分印证了"人民是历史的创造者，是真正的英雄"的真理。这也是那些敢为人先、勇于担当的各级干部群众被人民群众所铭记的根本原因。蒙古马精神中敢为人先的创新精神提醒着我们在面对困难和挑战时，要敢于尝试、敢于创新；在面对变革和发展时，要学会适应、学会进步。

（二）稳扎稳打：久久为功构筑绿色长城

内蒙古高原地势较为平坦，但由于处于北半球内陆地区，降水量少，生态环境脆弱，土地荒漠化和沙化程度高，肆虐的风沙逐步侵蚀着人们的生存环境。因此，长期以来内蒙古各族人民都在这片土地上进行着治沙工作。面对恶劣的生态环境，内蒙古人民坚韧不拔地扎根于贫瘠的土地，依靠自己的勤劳与智慧，在荒漠中种植沙柳、沙棘等植物，使得原本荒凉的黄沙地逐渐焕发出勃勃生机。一代接一代的内蒙古人民不懈努力，实现了由"沙进人退"到"人进沙退"的历史性转变。他们以坚如磐石、不畏艰险的精神，在内蒙古建构起一道道绿色长城，为修复生态、保护环境作出了突出贡献。

库布齐沙漠是我国第七大沙漠，其腹地中矗立着一座名为"承载的希望"的雕塑，它象征着这片沙漠近年来的生态逆转，也纪念了那些不畏艰难、致力于沙漠绿化的人们的卓越贡献。在这些英雄中，曹扎娃、高林树、白根海和白永胜4位老人尤为突出，他们扎根于沙漠，以坚韧不拔的意志和长期的辛勤劳作，为鄂尔多斯地区的生态改善作出了不可磨灭的贡献。

曹扎娃，一位蒙古族老人，他的家乡靠近毛乌素沙漠，曾是一个生存环境极为恶劣的地方。自20世纪50年代起，曹扎娃就开始种树治沙。面对家人的不理解和艰苦的环境，他始终坚持不懈，使一片荒芜的沙丘转变为可耕种的农田。如今，曹扎娃老人依然承包着 2300 多亩沙地，继续他的种树事业。几十年来，他亲手栽下的树苗已经连成一片，形成了壮观的林带。

老人高林树也同样如此，他的家靠近库布齐沙漠，由于风沙袭扰，村民大都跑去外地，他却主动承包了一大片沙地，在寒暑交错的苦战中，终于实现了沙漠变绿洲的愿望。他在绿洲上养羊、种麻，不仅收入提高了，也让全村人看到了治沙的希望，纷纷效仿他包地治沙。如今，当年的小苗已经长成了大树，这片土地绿树成行。

另外两位老人白根海和白永胜也是治沙的带头人。白根海的儿子白文生说："父亲那时候栽了 8000 亩，我们现在已经栽了 21000 多亩了，后来沙柳栽得多，杨树，还有松树。"虽然前人已经干不动了，但他们的后人还在继续着他们的事业。

同样在呼伦贝尔市新巴尔虎左旗，沙地一度占据了全旗的大部分土地。流沙的侵蚀不仅影响了当地的交通，还对农田造成了严重的破坏。为了保护这片美丽的土地，减少沙尘暴带来的损害，1998 年，政府发起了一场声势浩大的植树造林运动，动员全旗人民共同参与，以实际行动对抗沙漠化。

在这场绿色革命中，景如臣和景建华父子的故事尤为感人。他们积极响应政府的号召，毫不犹豫地投入植树造林的艰巨任务中。父子俩不畏艰辛，不畏风沙，他们植树造林的身影成为草原上最动人的风景。随着时间的推移，那些曾经被流沙侵蚀的土地逐渐被郁郁葱葱的树木所覆盖。沙带不再是威胁，而成为呼伦贝尔大草原上一道独特的风景线。景如臣和景建华父子成为当地人民心中的英雄，他们的故事激励着更多的人加入保护环境、绿化家园的行动中来。如今，呼伦贝尔大草原不仅是游客向往的旅游胜地，更是生态保护和可持续发展的典范。这里的每一棵树都是对自然的敬畏和对未来的承诺。而景如臣、景建华父子以及所有参与植树造林的人们的辛勤努力，将永远被这片土地铭记，他们的崇高精神如同这片草原，生生不息，代代相传。

在这场与沙漠化的持久战中，内蒙古各族人民发扬蒙古马精神，面对自然的严峻考验，从未有过一丝一毫退缩的念头，一往无前，不达目的绝不罢休。他们所展现出的惊人韧性和无与伦比的创造力正是蒙古马精神的真实写照。他们的故事宛如播撒在沙漠中的种子，经过时间的孕育，逐渐生根发芽，汇聚成一片片充满生机的绿色希望。内蒙古各族人民用自己的双手和智慧，在蒙古马精神这一强大精神力量的指引下，一步一个脚印地将这片曾经风沙肆虐的土地变为生机勃勃的绿洲。他们通过坚持与努力，坚决筑牢我国北方重要生态安全屏障，在人类与自然和谐共生的征程上留下了浓墨重彩的一笔。

（三）挺膺担当：锲而不舍推进共同富裕

贫困问题是当今世界面临的最严峻的挑战之一。中华人民共和国成立以来，中国共产党带领人民持续向贫困宣战。经过改革开放以来的努力，成功走出了一条中国特色扶贫开发道路，使7亿多农村贫困人口成功脱贫，为全面建成小康社会打下了坚实基础。2021年2月，习近平总书记在全国脱贫攻坚总结表彰大会上的讲话中，宣布我国脱贫攻坚战取得了全面胜利。在这场伟大的斗争中，涌现出一批又一批挺膺担当的好干部，内蒙古的廷·巴特尔就是其中的一位。他倾尽自己的一生，带领牧民致富，他身上所展现出的担当作为、锲而不舍的蒙古马精神，无愧于人民赋予他的称号——"草原之子"。

出生于1955年的蒙古族人廷·巴特尔，是中华人民共和国开国将军廷懋之子。他深受父亲的教诲："人民是我们的根本，要想立足，就必须与人民紧密相连。"这句话深深地印在廷·巴特尔的心中，影响了他的一生。在20世纪70年代的知识青年上山下乡运动中，1974年高中毕业的廷·巴特尔毅然响应党的号召，前往锡林郭勒盟阿巴嘎旗的萨如拉图亚嘎查，开始了他艰苦的知青生活。在那里，他不仅学会了放牧，开拖拉机，还掌握了蒙古语，与牧民同甘共苦，勤奋工作，赢得了当地人的尊敬，担任农场和林场的领导职务。当知青返城的消息传来时，他选择留在草原，扎根于此。他多次拒绝回城提拔的机会，坚持留在牧区。面对当地乳厂的经营困境，他提出改革建议，成功使厂子恢复生产并盈利，因而被推举为嘎查党支部书记，并在 21 岁时加入了中国共产党。面对草场退化问题，他通过实际行动，如卖掉自家羊群、圈养草场等，引导牧民合理放牧，有效恢复了草原生态。他还创新养殖方式，提高了牧民的收入，促进了嘎查的经济发展。作为嘎查党支部书记，他还积极帮助贫困户脱贫，通过捐羊、开办扶贫公司等方式，实现了牧民增收和生态保护的双赢。

廷·巴特尔的事迹是蒙古马精神的生动写照。作为将军之子，他本可以选择一条更为舒适和荣耀的道路，但他没有。相反，他选择了一条平凡而伟大的道路，他将自己的生活与内蒙古草原上的牧民紧密相连，致力于提高他们的生活条件，提升他们的生活质量。他的事迹是一段关于奉献和牺牲的传奇。他深入牧民中，了解他们的需求，感受他们的疾苦。他以实际行动推动了一系列改革措施的实施，旨在提高畜牧业的生产效率，改善牧民的生活环境，促进草原的可持续发展。

他身上所展现出的是一种实干精神，他脚踏实地，一步一个脚印地去实现他的目标。他的创新精神同样令人钦佩，他敢于尝试新的方法，勇于挑战旧有的模式，不断探索适合草原发展的新路径。

廷·巴特尔的事迹如同北疆大地上的一盏明灯，照亮了牧民们前进的道路，温暖了他们的心房。他身上所体现出的坚韧不拔、勇往直前的蒙古马精神，激励着一代又一代人，无论面对任何困难和挑战，都要勇往直前，不断奋斗。

（四）勇往直前：坚韧不拔解决民之所需

在中华民族伟大复兴的征程中，每一位北疆儿女都承载着历史的重任。在这条充满挑战与希望的道路上，蒙古马精神以其坚韧不拔、勇往直前的特质，成为激励人们不断前行的强大动力。李国安，这位被内蒙古各族人民誉为"草原水神"的杰出人物，他的事迹是对蒙古马精神最好的诠释，也是对新时代北疆儿女最好的激励。

李国安15岁参军，起初只有初中学历，但凭借着坚韧不拔的意志和始终如一的学习热忱，从医生转型为后勤处处长，最终担任给水工程团团长。在担任团长期间，他并没有满足于已有的成就，而是在新的岗位上不断深耕，不放过每一次地质普查、物探找水或钻探打井的学习机会，每到一个新的地方，都会细致观察当地的地形地貌。他的足迹几乎遍布整个华北地区，团里在 4200 多公里的边境线上采集的矿样、岩样，他都如数家珍，对部队施工区域的储水构造了如指掌。

李国安身上处处彰显着蒙古马精神。他一直坚信共产党员应该具备鞠躬尽瘁、死而后已的信念和精神。1993 年，他被诊断出患有胶质细胞肿瘤，经历了痛苦的治疗和康复过程。即便如此，他时刻心系边疆的给水事业，带着病痛坚持工作，甚至在病床上也不停止学习。他有着超出常人的毅力和决心，手术后不久就要求重返工作岗位。

李国安以坚定的意志和不懈的探索精神，行走在内蒙古4200 多公里的边防线上。他乘坐 212 吉普车，穿越戈壁、沙海，翻越山脊，深入沟壑，不畏艰难，只为掌握第一手资料。哪里地形复杂，他就到哪里探查，每天有 1/3 的时间都在徒步行走，这对于他的身体而言，无疑是巨大的挑战。他在 5 个多月的艰苦跋涉中，沿我国北部边境线，由西向东跨越了 24800公里，圆满完成了一项规模宏大的水文地质勘查任务。在这一过程中，他不仅精准选定了 109 个井位，而且收集了数百份珍贵的水样标本以及 12 袋重要的岩样和矿样。更为难得的是，他在考察中发现了稀有的线形玛瑙和水晶奇石，为筹建我军首个水文地质博物馆奠定了坚实的基础。他与工程技术人员合作，基于实地考察所获得的大量一手数据，完成了《中国北部边疆第四系地下水研究》等学术论文。

在内蒙古这片广袤的土地上，还有许多像李国安一样，将蒙古马精神内化于心、外化于行的杰出代表，张章宝便是其中之一。

张章宝是内蒙古土默特右旗检察院控申科的科长，在 34 年的从检生涯中，他在岗位上尽职尽责，接待来访群众 4300 余人次，办理信访案件 460 余件，每一件都做到了案结事。退休之后，他继续通过张章宝工作室为民服务，这种坚持不懈、认真负责的工作态度正是蒙古马精神中吃苦耐劳精神的彰显。他在工作中注重与群众沟通，通过"一杯茶"的方式拉近与群众的距离，耐心倾听并解决群众的问题，这种亲民爱民、服务群众的价值追求与蒙古马精神中的奉献精神相契合。在处理征地矛盾纠纷时，他深入基层了解详细情况，组织核查账目，最终克服各种困难使问题得到了解决。他利用多年的工作经验还总结出了检察机关提升执法公信力的几点方法：其一，要最大限度地实行检务公开，增强检察工作透明度；其二，要严格公正执法，确保每一起案件都经得起时间的检验；其三，要把关注和解决人民群众最现实、最迫切、最困难的问题作为做好检察工作的出发点和归宿，强化执法服务，通过保障民生民利提高检察机关执法公信力；其四，要加强纪律作风建设，对检察人员贪赃枉法、侵害群众利益的，坚决依纪依法查处。张章宝这种不畏艰难、勇于直面问题的精神也正是蒙古马精神的真实写照。

在李国安、张章包的身上，我们看到了蒙古马精神的生动体现——坚韧不拔、勇往直前。李国安的"952工程"使边疆军民的生活得到了实质性的改善，他毕生的追求——"宁愿自己喝苦水，乐为人民送甘泉"——在这一工程中得到了生动的体现和深刻的诠释。张章宝在从检生涯中克服诸多困难，真抓实干，着力解决人民群众的急难愁盼问题。面对困难和挑战，他们始终心系民众，急民之所急，解民之所困，展现出深厚的为民情怀。这种无私奉献的精神必将激励着一代又一代的青年，激发他们心系祖国、情牵人民，为国家的繁荣发展和人民的幸福生活贡献力量。

（五）同心协力：万众一心汇聚磅礴力量

蒙古马精神一直是我们面对挑战时挺身而出、并肩作战的精神支柱。若没有这种团结互助、坚韧不拔的精神，我们难以迅速凝聚起战胜困难的力量。在新时代，我们不仅需要传承和弘扬中华优秀传统文化，还应当积极吸收和借鉴其他国家和地区的先进理念，为构建和谐美好的社会贡献力量。

"中华民族一家亲，同心共筑中国梦""共同团结奋斗，共同繁荣发展""团结稳定是福，分裂动乱是祸""壮美内蒙古，亮丽风景线"，在内蒙古，这些每个老百姓都耳熟能详的话语是各族人民共同的心声。

2014 年 1 月，习近平总书记考察内蒙古，叮嘱全区各族人民"要始终高举民族团结旗帜，坚持和发扬各民族心连心、手拉手的好传统，深入开展民族团结进步宣传教育，精心做好民族工作，把内蒙古建成祖国北疆安全稳定的屏障"。自治区党委、政府把习近平总书记的深切关怀和深情叮嘱转化为推进科学发展、富民强区的强大动力，团结带领各族干部群众撸起袖子加油干，开创了经济发展、民族团结、文化繁荣、边疆安宁、生态文明、各族人民幸福生活的局面。

蒙古马精神的强大凝聚力，不仅体现在个人的成长和发展上，更体现在国家和民族的团结与进步上。蒙古马精神激励着北疆儿女团结一心，共同为打造祖国北疆亮丽风景线而努力奋斗。曾经，内蒙古"轻工业皮毛匠，重工业钉马掌，运输业则为马、骡、骆驼、勒勒车"。中华人民共和国成立后，现代钢铁业、煤炭业、制造业、运输业等在内蒙古开始逐步兴起。经过 70 余年的努力，现代产业在内蒙古经历了从无到有、从少到多、从多到强，从求数量到求质量、求绿色高质量的发展阶段，生产方式深刻变革。如今，放牧靠北斗导航、种地靠无人机、养殖靠大数据……农牧业已告别"看天吃饭""逐水草而居"的原始形态。截至"十三五"末，内蒙古农业科技进步贡献率达到 57%，农作物耕种收综合机械化水平达 86%。工业产品"傻大黑粗"已成为过去，高附加值及生产手段的现代化、智能化成为大多数企业转型发展的主旋律。在现代化的浪潮中，内蒙古的城市化进程越来越快。目前，内蒙古"以城市群为主体的大中小城市和小城镇协调发展"的城镇格局初步形成，城乡现代化建设给内蒙古带来了崭新面貌。

内蒙古取得的一系列成就，充分体现了民族团结的强大力量。这种团结不仅推动了内蒙古的经济社会发展，而且显著提升了各民族之间的凝聚力和向心力。蒙古马精神已经深深植根于内蒙古各族人民的心中，不仅象征着内蒙古人民的坚毅与勇气，更彰显出他们在新时代的征程中强大的凝聚力。习近平总书记强调："内蒙古的今天是各族群众共同奋斗的结果，内蒙古的明天仍然需要各族群众团结奋斗。"内蒙古 2400 万各族人民将继续团结奋斗，共同繁荣发展，让民族团结之花在北疆大地上常开长盛、馨香永存。

第五章

蒙古马精神的当代价值

随着中国特色社会主义进入新时代，蒙古马精神不仅没有因时代发展而褪色，而是在党的领导下同中华民族精神相融合，激励北疆儿女在新征程上展现出强大的精神力量。在新时代，北疆儿女齐心向党，像石榴籽一样紧紧抱在一起。正是这样的伟大征程和伟大奋斗，让蒙古马精神焕发出蓬勃生机，成为北疆儿女铸牢中华民族共同体意识、助推中华民族伟大复兴、深入推进全面从严治党的精神动力。重任在肩勤恳行，家国伟业壮志成。在党的坚强领导下，北疆儿女大力弘扬蒙古马精神，众志成城、踔厉奋发，朝着闯新路、进中游的目标奋勇前进。

一、思想根基：齐心构筑中华民族共有精神家园

蒙古马精神作为北疆文化的重要组成部分，随着北疆文化的发展其内涵不断深化。进入新时代，北疆文化迎来了发展的新高潮，内蒙古各族人民的生活质量也得到了显著提升，这标志着蒙古马精神正站在一个更广阔的时代舞台上，被赋予了丰富内涵与时代价值。各族人民必须深刻认识铸牢中华民族共同体意识的重大意义，构建起维护国家统一和民族团结的坚固思想长城。内蒙古的繁荣离不开各族人民的共同努力，只有通过团结一致，才能实现更高质量的发展。蒙古马

精神具有强大的凝聚力，能够凝聚北疆儿女的共识，激励他们心往一处想、劲往一处使，将个人的力量汇聚成强大的集体力量。在蒙古马精神的引领下，内蒙古各族人民将携手同心，把内蒙古建设成为祖国北疆亮丽风景线。

（一）团结进取：继往开来推动发展

习近平总书记指出，"新中国成立后，党确立了以民族平等、民族团结、民族区域自治、各民族共同繁荣为主要内容的民族理论和民族工作方针政策，各民族在社会主义制度下实现了真正意义上的平等团结进步。"内蒙古自治区是在中共中央直接领导下建立的，自诞生之日起，内蒙古自治区坚定实践民族区域自治制度。70多年来，在党的领导下，内蒙古各族人民的生活蒸蒸日上，谱写出一曲曲民族团结之歌，书写了一首首民族团结史诗，共同赢得并呵护模范自治区的崇高荣誉。古语有云："事在四方，要在中央。"[①]正是在党中央的坚强领导下，内蒙古才得以蓬勃发展。无论是革命烽火中的英勇抗争，还是建设时期的艰苦奋斗，抑或是改革开放以来的创新发展，内蒙古各族人民始终心向党、心向党中央，不断书写新的辉煌篇章。

---

① 出自《韩非子·物权》。习近平总书记在2018年1月15日中共中央政治局常务委员会会议上的讲话引用此古语。

自治区成立以来，每当工作中出现重大偏差时，党中央都会及时给予指导，帮助我们把脉定向、纠偏正向，而且每一次改正改进后内蒙古的工作都实现了新的重大进步。进入新时代，内蒙古的发展更是离不开习近平总书记的亲切关怀和指引。特别是党的二十大以来，习近平总书记的重要讲话精神为内蒙古的发展指明了方向。习近平总书记指出："团结奋斗是党领导人民创造历史伟业的必由之路。"内蒙古积极深化民族团结进步教育，巩固和发展平等团结互助和谐的社会主义民族关系，为地区的长治久安和繁荣发展奠定了坚实基础。

在经济建设方面，内蒙古依托自身资源优势，大力发展特色产业，推动经济高质量发展。广袤的草原、丰富的矿产、独特的文化，都为内蒙古的发展提供了得天独厚的条件。内蒙古各族人民发扬吃苦耐劳、一往无前的精神，不断开拓创新，努力将资源优势转化为经济优势，为国家的繁荣富强作出了重要贡献。在政治建设方面，内蒙古加强党的建设，确保民族地区发展的正确方向。坚持党的领导是内蒙古发展的根本保证。内蒙古各级党组织充分发挥战斗堡垒作用，广大党员干部积极发挥先锋模范作用，为地区的发展提供了坚强的政治保障。在文化建设方面，内蒙古弘扬民族文化，传承蒙古马精神。同时，内蒙古还积极推动文化创新，打造具有地域特色的文化品牌，为地区的发展注入了强大的精神动力。在社会建设和生态文明建设方面，内蒙古也取得了显著成就。在社会建设方面，内蒙古着力改善民生，提高人民生活水平。在教育、医疗、就业等领域加大投入力度，让人民群众共享发展成果。在生态文明建设方面，内蒙古坚持绿色发展理念，加强生态环境保护与修复工作。通过实施一系列生态工程，内蒙古的生态环境得到了明显改善，这不仅提升了当地居民的生活质量，也为生物多样性的保护和可持续发展奠定了坚实基础。

这些成就的取得，正是内蒙古各族人民吃苦耐劳、一往无前的蒙古马精神在新时代的生动体现，也是坚持党对民族工作领导的丰硕成果。展望未来，内蒙古将继续秉持"孤举者难起，众行者易趋"[①]的智慧，继续发扬蒙古马精神，以更加昂扬的斗志、更加坚定的信心、更加务实的作风，推动各项事业不断向前发展。在党中央的坚强领导下，在内蒙古各族人民的共同努力下，这片热土必将绽放出更加绚烂的光彩。蒙古马精神也将继续激励着内蒙古各族人民为实现中华民族伟大复兴的中国梦贡献更大的力量。前进的道路上仍然充满挑战和困难，我们必须时刻保持谦虚谨慎、不骄不躁的作风，以更加饱满的热情和更加扎实的工作，不断开创内蒙古发展

---

① 出自魏源《默觚·治篇八》。转引自人民日报评论部：《习近平用典》第二辑，人民日报出版社 2018 年版，第 113—114 页。

的新局面。

（二）蹄疾步稳：呵护模范自治区崇高荣誉

蒙古马并非以速度见长，但它的耐力极为出众。它的美不在于起跑时的迅猛，而在于长距离奔跑中的不懈坚持。有这样一句民间谚语："好马登程奔到头，好汉做事做到头。"蒙古马一旦有了目标，绝不会半途而废，而是以一种永不懈怠的精神状态完成主人交给的任务。永不懈怠是蒙古马精神的精髓所在，更是中华民族精神的一个重要特质。

社会主义现代化进程中，中华民族同贫困、落后进行不懈的斗争。党带领各族人民以不停顿、不大意、不松劲的姿态，持续奋斗，在全面建设社会主义现代化国家的新征程上担负历史使命。蒙古马精神中永不懈怠的精神是党和国家努力实现社会主义现代化的内在动力。

党的十八大以来，习近平总书记高度重视内蒙古工作，为推进新时代内蒙古民族工作高质量发展指明了前进方向，提供了根本遵循。内蒙古始终把推动各民族为全面建设社会主义现代化国家共同奋斗作为目标和原则。回望过去，作为我国最早成立的民族自治区，内蒙古自治区是在中共中央直接领导下建立的，内蒙古是在党中央的支持下发展起来的，内蒙古各族人民始终心向党，感党恩、听党话、跟党走，经济社会取得了长足发展。近年来，全区各地常态化、全员化开展铸牢中华民族共同体意识宣传教育，依托"民族政策宣传月""民族团结进步活动月"等活动，促进各民族人心归聚、精神相依，全区上下守望相助、团结奋斗，在坚持生态优先、绿色发展中助推经济高质量发展，为全面建设社会主义现代化国家贡献内蒙古的智慧和力量。

全面建设社会主义现代化国家不是一蹴而就的，更不是毕其功于一役的，而是需要经过每代人赓续、努力地奋斗、不断地积累才能实现的。"合抱之木，生于毫末；九层之台，起于累土"①。蒙古马精神中永不懈怠的精神为全面建设社会主义现代化国家提供了强大的精神动力。正是这种永不懈怠、持之以恒的精神，激励我们在实现社会主义现代化国家的伟大征途上，一步一个脚印，稳扎稳打。我们要弘扬蒙古马精神，以坚韧不拔的毅力和勇往直前的姿态，铸牢中华民族共同体意识，呵护模范自治区的崇高荣誉，共同肩负起维护国家统一和社会稳定的神圣使命。

（三）居安思危：筑牢祖国北疆安全稳定屏障

居安思危是蒙古马精神的精神特质，这一精神特质与一

---

① 出自老子《道德经·第六十四章》。转引自人民日报评论部：《习近平用典》第一辑，人民日报出版社 2018 年版，第 109—110 页。

往无前的精神相得益彰，共同构成了推动内蒙古高质量发展的强大精神动力。居安思危不仅是蒙古马精神的内容之一，更是中华民族在面对挑战时的宝贵品质。它提醒我们在顺境中不忘警惕，在逆境中更显坚韧。正是这种品质，为内蒙古在新时代新征程中继续攻坚克难，构建我国北方重要生态安全屏障、祖国北疆安全稳定屏障不断注入精神动力。

牢记殷殷嘱托，绘就祖国北疆发展新蓝图。把内蒙古建设成为我国北方重要生态安全屏障、祖国北疆安全稳定屏障、国家重要能源和战略资源基地、国家重要农畜产品生产基地、我国向北开放重要桥头堡，是习近平总书记交给内蒙古的五大任务。内蒙古地处祖国北疆，在维护我国北方生态安全和祖国北疆安全方面有着重要的战略地位。在推进中国式现代化进程中展现内蒙古风采，就要像生命力强、耐力强、体魄健壮的蒙古马那样，保持一股子拼劲、闯劲、韧劲和干劲，把我国北方重要生态安全屏障构筑得牢不可破，把祖国北疆安全稳定屏障构筑得坚不可摧。

蒙古马精神是改革创新、锐意进取的时代精神的生动体现。在建设"两个屏障"的过程中，必然会面临一系列困难和挑战。"专其难事，则易事不劳即成；补其短处，则长者不功而懿"。越是在发展的紧要关头、面临考验的关键时刻，越要保持昂扬向上的精神状态和百折不挠的奋斗精神。应对前进路上的各种新挑战和新考验，需要各族人民像蒙古马一样，不断跨越前进道路上的各种艰难险阻，通过驰而不息的艰苦奋斗，把发展蓝图变为美好现实。

习近平总书记高度重视内蒙古的生态文明建设，多次作出重要指示，强调"要加强生态环境保护建设，统筹山水林田湖草治理，精心组织实施京津风沙源治理、'三北'防护林建设、天然林保护、退耕还林、退牧还草、水土保持等重点工程，实施好草畜平衡、禁牧休牧等制度，加快呼伦湖、乌梁素海、岱海等水生态综合治理，加强荒漠化治理和湿地保护，加强大气、水、土壤污染防治，在祖国北疆构筑起万里绿色长城"。内蒙古是我国跨经度最广的省级行政区，拥有丰富的自然资源和多样的生态系统。内蒙古的草原、沙漠、湿地、森林和湖泊等各类生态系统为人们提供了诸如水源涵养、气候调节、生物多样性保护等重要的生态服务，共同构成了山水林田湖草沙综合生态安全屏障。内蒙古生态状况如何，不仅关系全区各族群众生存和发展，而且关系华北、东北、西北乃至全国生态安全。作为我国北方重要生态安全屏障，内蒙古推进新时代生态文明建设必须以生态优先、绿色发展为导向，牢固树立正确的生态观、发展观，坚持"两个基地"建设服从服务于生态文明建设，推动经济社会发展与自然资源环境相协调，实现人类社会与自然界和谐共处、良性互动、持续发展。

党的二十大报告指出："国家安全是民族复兴的根基，社会稳定是国家强盛的前提。"内蒙古是祖国的"北大门"，筑牢祖国北疆安全稳定屏障，是内蒙古的重大政治责任。党的十八大以来，内蒙古各族人民牢记习近平总书记的殷殷嘱托，共同守卫祖国边疆，共同创造美好生活，长期保持了民族团结、社会和谐、边疆安宁的良好局面。习近平总书记指出，"必须坚决维护国家主权、安全、发展利益"。这体现了马克思主义安全观与中华传统居安思危忧患意识的结合，阐明了民族工作必须牢牢守住的底线。各族人民要牢牢把握铸牢中华民族共同体意识这条主线，充分发扬不达目的绝不罢休的蒙古马精神，全方位展现新时代内蒙古的担当和作为。

蒙古马精神是奋斗不止、自强不息的象征。内蒙古各族人民要大力弘扬和践行蒙古马精神，聚焦聚力推动五大任务见行见效。风雨再猛，也挡不住蒙古马前进的步伐；困难再大，也难不倒英雄的中国人民。大力弘扬蒙古马精神，吃苦耐劳、奋力拼搏、稳扎稳打，内蒙古各族人民一定有信心、有能力战胜前进道路上的一切艰难险阻，在闯新路、进中游的征程中不断书写新的辉煌。

（四）心系家国：构建开放发展新局

习近平总书记指出，"深厚的家国情怀与深沉的历史意识，为中华民族打下了维护大一统的人心根基，成为中华民族历经千难万险而不断复兴的精神支撑。"在中华民族伟大复兴的征程中，家国情怀是推动我们不断前行的强大动力。团结一心不仅仅是一种社会凝聚力的体现，更是一种文化传承和民族精神的彰显。正如蒙古马在严寒的冬季，依靠群体的力量，相互取暖，共同克服困难，这种精神在中华民族的发展历程中同样得到了深刻的体现。

对党而言，以人为本就是以人民群众的需求、要求为本，以民众的利益作为全局谋划的指南针。换言之，民众的大局就是党的大局，也是我们必须深入了解、竭尽全力服务的大局。只有对当前的大局形成充分认识，才能在纷繁复杂的局势下作出有利于大局的判断，在漆黑的旷野中开辟出一条光明道路，从而为社会主义现代化建设服务，为中华民族伟大复兴服务。

习近平总书记多次强调，"民族团结是我国各族人民的生命线"。要紧紧抓住铸牢中华民族共同体意识这条主线，深化民族团结进步教育，引导各族群众牢固树立休戚与共、荣辱与共、生死与共、命运与共的共同体理念。蒙古马精神是北疆大地几千年生产生活实践中孕育而成的宝贵财富。在长期的革命建设、改革发展的伟大征程中，这种精神逐渐显现其独特的特质，并不断得到丰富和发展。在社会主义建设时期，内蒙古坚持"自治区的经济建设必须和全国的经济建设总的步调一致，自治区的一切财富，必须首先为全国的经济建设服务"的原则，为祖国的建设事业积极发展木材加工业、畜牧业，把大量木料、牛羊肉产品送往首都北京及全国各地。改革开放以来，内蒙古以丰富的原材料、能源和工农牧业产品，以良好的生态和稳固的边疆，为全国改革发展大局作出较大贡献。在巨大成就的背后，是无数内蒙古各族人民艰苦奋斗、甘于奉献的感人身影，是千万干部群众忠于职守、顽强拼搏的辛劳付出。内蒙古各族人民用实际行动诠释了蒙古马精神的特质，并为新时代蒙古马精神赋予了新的内涵。蒙古马精神的力量归根结底是内蒙古各族人民信念的力量。坚定的信念是团结人民共同奋斗的精神纽带，是引领人民群众前进的旗帜，是战胜一切艰难险阻的精神支柱和力量源泉。

2023年10月，国务院印发《关于推动内蒙古高质量发展奋力书写中国式现代化新篇章的意见》（以下简称《意见》），指出："紧紧围绕高质量发展这个首要任务，把内蒙古建设成为我国北方重要生态安全屏障、祖国北疆安全稳定屏障、国家重要能源和战略资源基地、国家重要农畜产品生产基地、我国向北开放重要桥头堡，是习近平总书记和党中央赋予内蒙古的战略定位和重大责任。"《意见》指明了新时代内蒙古的职责和使命所在，是新时代内蒙古发展的总方向、大布局。绿色、友好、智慧、创新的现代能源生态圈加速构建，国家重要能源和战略资源基地绿色低碳转型乘风破浪。"粮仓"粮满、"肉库"肉足，农牧业发展稳中向好、稳中向新，国家重要农畜产品生产基地优质高效转型蹄疾步稳。

内蒙古自然资源丰富，乳肉绒毛产量全国领先，工农业产品主要集中在能源、化工、原材料、基础工业以及农畜产品加工等领域，这些领域产品的供给能力和质量如何，关系整个国民经济大循环，关系国家产业链供应链的整体可靠和自主可控，必须坚持扬长避短、培优增效，统筹好各区域、各板块、各盟市的产业布局和定位，做好现代能源经济这篇文章，大力发展生态农牧业，为国家提供更为稳定、更加安全、更多绿色的能源供给和农畜产品供应。内蒙古农业资源丰富，2021 年，农作物总播种面积 874.3 万公顷，猪牛羊禽四肉产量达 270.3 万吨，乳肉绒毛产量全国领先。内蒙古是全国重要的能源基地，煤炭实际产能全国第一，电力总装机全国第一，新能源装机全国第一，正在实施新能源倍增行动，向全国新能源产业高地坚实迈进。

（五）水乳交融：共建全新文明形态

"一花独放不是春，百花齐放春满园"①。这句话深刻揭示了多样性和丰富性对于整体繁荣的重要意义。在人类文明发展的新阶段，我们更加强调文化多元一体的价值。在全球化的背景下，单一视角或者将一种文明隔绝于其他文明已经无法满足时代发展的需求。中华文明之所以能够绽放出耀眼的光芒，是因为其具有突出的包容性。历史上的各种文明在此交汇、碰撞、融合，共同推动了中华文化的进步与繁荣。

即便在恶劣的生存条件下，蒙古马也很少因为争夺稀缺的草料或领地而相互争斗。相反，它们以群居的方式相互支持，共同面对自然界的严峻挑战。我们要以开放包容的心态兼收并蓄、博采众长，特别是在当前构筑中华民族共有精神家园的进程中，要认识到团结一致的力量是最为强大的，56个民族要心往一处想、劲往一处使，拧成一股绳，共同构成你中有我、我中有你、谁也离不开谁的中华民族命运共同体，铸牢中华民族共同体意识，携手前进，共同绘制出中华民族伟大复兴的壮丽图景。

习近平总书记指出："开放包容是人类繁荣进步的基本

① 出自《古今贤文》。转引自人民日报评论部：《习近平用典》第一辑，人民日报出版社2018年版，第181—182页。

条件。"中华文化之所以博大精深、丰富多彩，是因为它汇聚了各民族的优秀文化成果，展现了其独特的包容性和兼收并蓄的特性。各族文化交相辉映，中华文化历久弥新，这是文化自信的根源。在百年抗争中，无论是对抗外来侵略还是解决内部矛盾，各族人民共同承受了苦难与挑战。不同民族的人民在血与火的考验中团结一心，中华民族由此完成了从自然联合到自觉团结的伟大飞跃。中华民族精神是在长期的社会历史发展中由各族人民共同塑造的，它不仅代表了中华文化的核心与精髓，也反映了各民族的生活习俗、理想信念和价值观念，是支撑中华民族持续生存与发展的重要力量。

蒙古马精神是内蒙古各族人民在与自然抗争的过程中逐渐形成的生存智慧。无论面对自然界的严峻挑战还是生活中的重重困难，内蒙古各族人民总能依靠这种坚韧不拔的意志和勇气，渡过难关，勇往直前。此外，这种精神超越了地域和民族的界限，成为中华民族共同的精神财富。它鼓舞着中华儿女面对困难不退缩，勇敢前进，携手共进。

二、价值引领：决心实现中华民族伟大复兴

蒙古马的坚韧、奋斗归根结底是为了整个蒙古马群的生存与发展。内蒙古各族人民的团结奋斗是在党的领导下，为

实现中华民族伟大复兴而不懈努力。在中华民族伟大复兴的征途中，每个民族都扮演着重要角色，每个民族都肩负着使命，这与蒙古马精神中蕴含的集体主义和奉献精神高度契合，也正是这种精神指引着北疆儿女与中华民族伟大复兴的目标同向同行。蒙古马精神不仅滋养着内蒙古各族人民的精神生活，更深刻地影响着他们的思想和行动。在党的引领下，内蒙古各族人民将感党恩、听党话、跟党走内化于心、外化于行，坚定不移地朝着中华民族伟大复兴的宏伟目标奋勇前进。

（一）同心勠力：共赴民族复兴征程

习近平总书记指出，"中国共产党要担负起领导人民进行伟大社会革命的历史责任，必须勇于进行自我革命，坚持立党为公、执政为民，深入推进全面从严治党，坚决扫除一切消极腐败现象，始终与人民心心相印、与人民同甘共苦、与人民团结奋斗，永远保持马克思主义执政党本色，永远走在时代前列，永远做中国人民和中华民族的主心骨！"同心协力不仅是蒙古马精神的核心价值，也是中华民族持续奋勇前进的精神底色。

蒙古马是同心勠力、开拓进取的。蒙古马是一种群居动物，始终结伴而行。不论处于何种艰难境地、何种危难关头，它们都不轻易放弃同伴。习近平总书记指出，"中华文明的统一性，从根本上决定了中华民族各民族文化融为一体、即使遭遇重大挫折也牢固凝聚，决定了国土不可分、国家不可乱、民族不可散、文明不可断的共同信念，决定了国家统一永远是中国核心利益的核心，决定了一个坚强统一的国家是各族人民的命运所系。"中国式现代化是全体人民共同富裕的现代化。奋力谱写实现中华民族伟大复兴中国梦的内蒙古篇章，靠的就是这种同甘共苦精神，这种精神给予了北疆儿女不断攻坚克难、不断勇往直前的不竭力量，激励北疆儿女走向富强，走向美好生活。

在多民族聚居的内蒙古，民族团结就像阳光和空气一样，内化于心，外化于行，已深深融入各民族的血脉。在这里，各民族文化相互碰撞、交融，各民族之间尊重差异、包容多样、相互欣赏和学习，为民族团结之花竞相绽放培植坚实根基。据统计，内蒙古大多数家庭是多民族混合家庭。共同繁荣发展让民族团结之花常开长盛。多年来，内蒙古共享国家发展红利，不断缩小与发达地区的差距。中华人民共和国成立之初，全国上下团结一心，共同致力于推动国家的工业化进程，内蒙古也迎来了工业发展的新机遇。包钢的建成投产结束了内蒙古长期以来缺乏大型工业企业的面貌，为地区经济的多元化发展注入了新的活力。随着时间的推移，内蒙古在国家发展大局中的地位日益凸显。在国家实施西部大开发战略和振兴东北老工业基地政策的过程中，内蒙古凭借其独特的地理优势和资源优势，获得了党中央的大力支持。这些政策的实施，为内蒙古的基础设施建设、产业升级和环境保护等方面提供了有力的保障，促进了地区经济的快速发展和社会的全面进步。此外，京蒙对口帮扶政策的实施，更是为内蒙古的发展注入了新的活力。自 1996 年以来，北京市对内蒙古开展了长达 28 年的对口帮扶合作。在这期间，北京市在资金、技术、人才等方面给予了内蒙古大量的支持和帮助，有力地推动了内蒙古的经济发展和社会进步。京蒙对口帮扶不仅体现了我国社会主义制度的优越性，也彰显了全国各族人民团结互助、共同发展的精神风貌。经过多年的发展，内蒙古已经取得了令人瞩目的成就，工业、农业、服务业等各个领域都取得了长足的进步，人民生活水平不断提高，社会事业全面进步。这些成就的取得，离不开国家的大力支持，离不开各族人民的共同努力，更离不开民族团结的坚实基础。发展的红利转化成为各族群众心中满满的获得感，让他们对安定团结倍感珍惜。

团结奋斗既是我们党开创伟大事业的奥秘所在，也是全面推进中华民族伟大复兴的制胜法宝。百年来，我们党靠团结奋斗取得了辉煌成就，未来还要靠团结奋斗奋进新征程、取得新胜利。旗帜鲜明讲政治、保证党的团结和集中统一是党的生命，也是我们党能成为百年大党、创造世纪伟业的关键所在。牢牢把握团结奋斗的时代要求，需要全面加强党的领导。历史和实践证明，团结是有核心的团结，没有核心就团结不起来，党和国家事业就会遭受挫折。在全党全国各族人民迈上全面建设社会主义现代化国家新征程、向第二个百年奋斗目标进军的关键时刻，实现历史使命、战胜各种风险挑战，更加需要深刻领悟"两个确立"的决定性意义，坚决做到"两个维护"。必须以高度的思想自觉、政治自觉、行动自觉，更加紧密地团结在以习近平同志为核心的党中央周围，全面贯彻习近平新时代中国特色社会主义思想，始终在思想上政治上行动上同以习近平同志为核心的党中央保持高度一致，才能实现统一思想、统一意志、统一行动、步调一致向前进，确保党的理论和路线、方针、政策得到深入贯彻落实，确保党中央的重大战略和重大决策得到坚决执行，才能使全党全国各族人民在党的旗帜下团结成"一块坚硬的钢铁"，心往一处想、劲往一处使，推动中华民族伟大复兴号巨轮乘风破浪、扬帆远航。

同甘共苦不仅是中华民族的传统美德，也是北疆儿女在面对重重艰难险阻时所依赖的不竭动力。从"'五方之民'共天下"的大一统观念到"像石榴籽一样紧紧拥抱在一起"的中华民族共同体意识，团结始终被视为中华民族发展进步的基石。历史从正反两个方面反复证明，团结才有力量，凝聚起来的人心是坚不可摧的铜墙铁壁。

万众一心、同甘共苦是中华民族的文化基因，它深植于中华民族的传统文化之中，是蒙古马精神的重要体现。蒙古马精神不仅是激励内蒙古各族人民不懈奋斗的精神力量，更是实现中华民族伟大复兴的精神力量。它蕴含着中华民族精神的基本要素，其历史脉络与中华民族的发展紧密相连。我们要大力弘扬蒙古马精神，凝聚团结伟力，共同面对挑战，共享发展成果，为实现中华民族伟大复兴作出新的更大贡献。

（二）一往无前：书写时代奋斗华章

蒙古马精神的核心要义和精髓当是一个"勇"字。这是一种骨子里与生俱来的勇气、面临困难时的勇敢和冲锋陷阵时的勇猛。历史和实践告诉我们，越是在发展的紧要关头、面临考验的关键时刻，越要保持昂扬向上的精神状态和百折不挠的奋斗精神。

1921 年，在嘉兴南湖上的一艘小船上，中国共产党宣告成立。在中国共产党的领导下，中国人民和中华民族的前途日益展现出更加光明的前景。1947 年 5 月 1 日，内蒙古自治区政府在王爷庙成立，这是党的民族区域自治政策在内蒙古的成功实践。随后，王爷庙改称乌兰浩特（蒙古语，意为"红城"）。

从红船到红城，内蒙古第一批共产党人将内蒙古地区自发的反帝反封建革命汇入中国共产党领导的新民主主义革命的伟大洪流中，不仅体现了内蒙古各族人民一往无前的英勇斗志，更生动体现了伟大建党精神蕴涵的理论逻辑。

内蒙古地区作为中国共产党较早领导和开辟革命工作的民族地区之一，在党的坚强领导下，各族人民经过长期浴血奋战取得了抗日战争的胜利。蒙古马精神中永不懈怠和一往无前的精神，是夺取抗日战争胜利、实现民族解放的重要保证。解放战争时期，中国共产党充分地将马克思主义同中国的具体国情相结合，开创了民族区域自治制度这一中国特色解决民族问题的政治制度。内蒙古自治区的成立，标志着马克思主义民族理论和中国共产党的民族政策的伟大胜利，对实现各民族一律平等，促进民族团结、共同发展产生了深远的影响，为正确解决国内民族问题提供了宝贵经验，为内蒙古的繁荣与发展奠定了基础。

实现中华民族伟大复兴的中国梦，必须发扬永不懈怠和一往无前的精神。"一勤天下无难事"①，在新时代的伟大征程中，面对愈发艰巨繁重的使命任务，内蒙古各族人民始终充满信心，在奋斗中锤炼意志、坚定信念、锻炼能力，以永

---

① 出自钱德苍《解人颐》。转引自人民日报评论部：《习近平用典》第一辑，人民日报出版社 2018 年版，第 107—108 页。

不懈怠的精神状态和一往无前的奋斗姿态，继续朝着实现中华民族伟大复兴的中国梦的宏伟目标奋勇前进。

弘扬蒙古马精神，就要勇往直前。面对新的挑战，我们必须像蒙古马那样，目光坚定，一往无前，只有始终保持永不懈怠的精神状态，始终保持一往无前的奋斗姿态，才能让中国特色社会主义道路、理论、制度、文化焕发强大生机活力，让更多奇迹在中华大地上不断涌现。我们要将蒙古马精神落实在岗位上、体现在行动中，从蒙古马精神中汲取营养，激发干事创业的精神动力，坚定艰苦奋斗的顽强意志和永不言败的昂扬斗志，用实干成就梦想，用奋斗赢得未来，通过驰而不息的艰苦奋斗，把宏伟发展蓝图变为美好现实。风雨再猛，挡不住蒙古马前进的步伐；困难再大，难不倒英勇的北疆儿女。大力弘扬蒙古马精神，苦干实干、奋进拼搏，我们完全有信心、有能力战胜前进道路上的一切艰难险阻，在中华民族伟大复兴的征程中不断书写内蒙古新篇章。

（三）矢志不渝：推进强国历史伟业

历史和实践反复证明，要干出一番事业，没有一股子勇往直前的劲头，是不可能成功的。新的历史条件下，内蒙古各族人民要充分发扬蒙古马精神，拿出无所畏惧、勇往直前的冲劲和闯劲攻坚克难，为实现中华民族伟大复兴贡献力量。

习近平总书记指出，"强国建设、民族复兴的进程，必然是各民族广泛交往交流交融的过程，必然是各民族共同团结奋斗、共同繁荣发展的过程。"只有始终发扬坚韧不拔的精神，才能更加坚定自己的理想信念，把握住正确的前进方向，才能克服困难，愈战愈勇。如果理想信念是照亮前路的灯、把准航向的舵，那么坚韧不拔的精神就是驰而不息的桨、长风破浪的帆。坚定的理想信念铸就了中华民族的伟大品格，铸就了中华民族坚韧不拔的崇高品质。弘扬蒙古马精神，必须坚持党的领导。在伟大建党精神引领下，蒙古马精神被赋予了更为深刻的内涵和时代价值，增添了新的生机和活力。实践充分证明，坚持党的全面领导能把党的独特优势有效发挥出来，使党在国家富强、民族复兴、社会进步、人民幸福等方面凸显其举足轻重、不可取代的独特地位和独特优势。

以中国式现代化全面推进中华民族伟大复兴，是一个接续奋斗、砥砺前行的过程。当前，中国式现代化的历史进程正处于"船到中流浪更急、人到半山路更陡"的时候，国际形势中不稳定、不确定、不安全因素日益突出，战略机遇和风险挑战并存，这就需要我们保持战略定力，锲而不舍推进经济社会高质量发展。从革命战争年代到改革开放时期，蒙古马精神既体现了以优秀民族文化为根基的传统美德，又体现了全国各族人民艰苦奋斗、坚韧不拔、吃苦耐劳的时代精神，已经成为推动各族人民奋发前进的精神动力。前进道路上必然会充满无数的风险和挑战，还将面临许多新的难关，甚至还会遇到各种各样可以预料和不可预料的"暗礁险滩"。干事创业，没有安逸享乐的温室，只有艰苦奋斗的战场。全国各族人民要从蒙古马精神中汲取吃苦耐劳、艰苦奋斗、坚韧不拔的精神营养，激发砥砺前行、赓续奋斗的现实力量。做勇于担当作为的不懈奋斗者，到最艰苦的地方经风雨见世面、到最困难的地方经考验受磨炼，以富有朝气的活力、敢为人先的闯劲、埋头苦干的韧劲，走好"复兴路"、做好"发展事"，开创新局面、走出新路子，在推进中国式现代化发展征程中取得新胜利。

伟大的实践，源于精神；执著的追求，始自信念。"为有牺牲多壮志，敢教日月换新天"。实现中华民族伟大复兴是一项光荣而艰巨的事业，需要一代又一代人为之共同努力。坚韧不拔、不达目的绝不罢休是蒙古马精神的重要精神特质，也是中国人民特有的奋斗精神的真实写照。踏上实现第二个百年奋斗目标新的赶考之路，全国各族人民必须拿出不达目的绝不罢休的气势，敢于斗争、敢于胜利，全力战胜前进道路上的各种困难和挑战，依靠顽强斗争打开事业发展新天地。

（四）赤心为国：弘扬爱国主义精神

一个民族的精神，其背后所承载的正是这个民族历史与文化的传承与积淀。中华民族精神作为5000多年文明史的结晶，是中华民族在漫长历史长河中共同塑造、共同守护的宝贵财富。在这丰富多彩的精神谱系中，蒙古马精神以其独特的魅力，成为中华民族精神的重要组成部分。

"志合者，不以山海为远"[①]，这句古语深刻地体现了北疆儿女的精神风貌。内蒙古各族人民凭借勤劳勇敢、忠诚守信的特质，赢得了广泛的赞誉。这些品质不仅体现了他们自身的精神追求，更是以爱国主义为核心的民族精神的生动体现。

爱国主义是中华民族精神的核心。这种情感并非与生俱来的，而是人们在岁月的洗礼中逐渐形成的对这片土地的深深眷恋、对国家最质朴的情感依托。对于内蒙古各族人民而言，他们的爱国主义情感体现在对家乡的一草一木的珍视，对国家繁荣富强的热切期盼。他们用自己的勤劳和智慧，为国家的发展贡献力量，用自己的实际行动诠释着爱国主义精神的真谛。

在中华民族几千年绵延发展的历史长河中，爱国主义精

---

① 出自葛洪《抱朴子·博喻》. 转引自人民日报评论部：《习近平用典》第二辑，人民日报出版社2018年版，第161—162页。

神作为中华民族的精神基因，产生了巨大的感召力和凝聚力，激励着中华儿女自强不息、团结奋进。在中国共产党的领导下，这种精神得到了更加充分的发扬。中国共产党人始终将人民的命运与国家的命运、民族的命运紧密相连，成为爱国主义精神最坚定的弘扬者、实践者、传播者。

今天，我们站在新的历史起点上，比历史上任何时期都更接近、更有信心和能力实现中华民族伟大复兴的目标。在这个过程中，我们需要继续发扬爱国主义精神，弘扬蒙古马精神，将个人的理想与国家的前途、民族的命运紧密联系在一起。听党话、跟党走，紧密团结在党中央周围，共同为实现中华民族伟大复兴的中国梦而努力奋斗。

（五）守望相助：绘就和谐壮美画卷

在气候环境恶劣的大草原上，蒙古马能够自由驰骋，不畏艰险，不仅凭借着强壮的体魄、顽强的生命力，更是因为有着团结合作的精神。这种团结合作的精神体现为极强的团队意识，它们善于协调、纪律性强、甘于奉献、勇于承担重担。蒙古马还是草原牧民的亲密伙伴，无论面对何种艰难险阻，总是与骑手齐心合力、患难与共。经过历史的沉淀与实践的熔铸，这种团结合作精神早已融入内蒙古各族人民的血脉，成为各族人民团结奋斗、开拓进取的重要精神源泉与纽带。

团结合作精神形成于内蒙古各族人民共同利益和目标的基础上，促进各民族在意志和行动上形成凝聚力。团结合作精神同样也是中华民族精神的重要组成部分。伟大的团结精神是中华民族同心同德、同心同向，共同努力的强大精神力量，是中华民族生生不息的动力源泉。

2018 年 3 月，习近平总书记在参加十三届全国人大一次会议内蒙古代表团审议时强调，"我国是统一的多民族国家，民族团结是各族人民的生命线"；"加强民族团结，基础在于搞好民族团结进步教育，建设各民族共有精神家园。要深入践行守望相助理念，深化民族团结进步教育，铸牢中华民族共同体意识，促进各民族像石榴籽一样紧紧抱在一起，共同守卫祖国边疆、共同创造美好生活"。2019 年 9 月，习近平总书记在全国民族团结进步表彰大会上，首次从"四个共同"的角度，阐明了正确的中华民族历史观的深刻内涵，深刻揭示出"一部中国史，就是一部各民族交融汇聚成多元一体中华民族的历史，就是各民族共同缔造、发展、巩固统一的伟大祖国的历史"。

守望相助的本义是为了对付来犯的敌人或意外的灾祸，邻近各村落互相警戒，互相援助。习近平总书记针对民族地区提出要践行"守望相助"的理念，是希望民族地区各民族之间要相互了解、相互尊重、相互包容、相互欣赏、相互学习、相互帮助，不断增进"五个认同"，凝聚智慧和力量，更好地建设美丽家园，充分体现了习近平总书记对搞好民族工作、促进民族团结有着深刻洞察，对构筑中华民族命运共同体有着远见卓识。

中国自古以来就是一个多民族国家，多元一体的中华民族的形成，不仅仅是因为有着共同的地缘和生活环境，更重要的是共同的历史命运把不同民族密不可分地联结在一起。民族团结是国家统一的必要条件，国家统一是民族团结发展的根本保障。历史发展证明，团结统一是中华民族的立身之本。在实现中华民族伟大复兴的征途上，只有继续弘扬团结合作精神，使各民族同呼吸、共命运、心连心的光荣传统代代相传，才能筑牢各族人民共同维护祖国统一、维护民族团结、维护社会稳定的钢铁长城，才能使每个民族都为实现中华民族伟大复兴贡献力量。

三、精神支撑：同心推进全面从严治党

蒙古马群的团结和纪律是其生存和发展的关键。如果马群缺乏有效的管理，它们将无法抵御自然界的种种挑战，最终可能面临解散甚至灭绝的风险。这一自然现象对于国家治理同样具有启示意义：治国必先治党，治党务必从严。中国

共产党作为中华民族的主心骨，其自身的纯洁性和先进性是实现中华民族伟大复兴的基石。一旦党的建设出现松懈，那么中国共产党作为国家的领导核心，其领导力和凝聚力可能会削弱，这将直接影响到国家的治理效能和民族复兴的进程。正如一个强大的"头马"对于马群至关重要，中国共产党也必须成为带领人民前进的坚强领导核心。新时代新征程，强国必先强党，必须把党建设得坚强有力，建设成为带领全国各族人民共同团结奋斗的"头马"，才能在中华民族伟大复兴的征程上跃马扬鞭、一往无前。

（一）人民至上：坚守初心践行宗旨

在内蒙古辽阔的草原上，面对极端的自然条件，人们深知只有依靠集体的力量，才能生存与发展。因此，珍视生命、爱护人民成为内蒙古人民世代相传的美德。蒙古马能在恶劣的环境中长途跋涉，无论是严寒还是酷暑，都展现出惊人的适应能力。蒙古马的这种品质不仅体现在它们对生存挑战的无畏，更在于它们从不因恶劣的生存条件而放弃自己的同伴，也从不因争夺生存资源而相互争斗，这正是尊重生命和关怀个体的生动体现。这种精神与中国共产党始终坚持的以人民为中心、全心全意为人民服务的宗旨不谋而合。党的宗旨与蒙古马精神一样，都强调了对人民利益的坚守和维护以及在困难面前的团结与互助。正是这种坚守初心、服务人民的宗旨，成为推动社会进步和民族团结的强大动力。

中国特色社会主义进入新时代，我国社会主要矛盾已经由人民日益增长的物质文化需要同落后的社会生产之间的矛盾转变为人民日益增长的美好生活需要和不平衡不充分的发展之间的矛盾，这一转变标志着我们进入了新的历史发展阶段，并面临着新的社会矛盾。面对新形势，我们必须坚定不移贯彻新发展理念。新发展理念坚持以人民为中心的发展思想，确保发展成果更多更公平地惠及全体人民。人民是历史的创造者，是推动社会发展的决定性力量。以习近平同志为核心的党中央坚持以人民为中心的发展思想，把增进人民福祉、促进人的全面发展作为一切工作的出发点和落脚点，充分调动人民的积极性、主动性、创造性。为人民谋幸福、为民族谋复兴，这既是我们党领导现代化建设的出发点和落脚点，也是新发展理念的"根"和"魂"。习近平总书记指出："我们党深刻认识到中国式现代化是亿万人民自己的事业，人民是中国式现代化的主体，必须紧紧依靠人民，尊重人民创造精神，汇集全体人民的智慧和力量，才能推动中国式现代化不断向前发展。"只有坚持发展为了人民、发展依靠人民、发展成果由人民共享，我们的现代化才能行得通、走得远。

新时代新征程，面对严峻挑战，内蒙古始终坚持以人民为中心的发展思想，步履坚定，攻坚克难，切实把高质量发展体现在增进民生福祉上。党的十八大以来，内蒙古民生投入年均增长 6.8%。城镇居民人均可支配收入由 1978 年的 301 元增加到 2023 年的 38130 元，农村牧区居民人均可支配收入由 1978 年的 131 元增加到 2023 年的 21221 元。城乡居民人均居住面积分别达到 35.3 平方米和 32.8 平方米，比 2012 年增加 5.4 平方米和 7.9 平方米，城市人均公园绿地面积达到 20.7 平方米，高于全国平均水平近 40%。老百姓的"钱袋子"更鼓了。内蒙古全体居民人均可支配收入从 2012 年的 16800 元增加到 2022 年的 34108 元，居民收入增幅始终高于经济增幅。公共服务更优了。全域实现义务教育基本均衡发展，学前教育毛入园率达到 90% 以上，建成了五级医疗卫生体系，累计实施老旧小区改造 46.4 万户、危房改造 116.65 万户，配套建成各类保障性住房和棚改安置住房 160 多万套。民生"保障网"更密了。基本养老保险参保人数从 2012 年的 1228 万人增加到 2022 年的 1615 万人，基本医疗保险参保人数从 2012 年的 967.7 万人增长到 2022 年的 2192.2 万人，养老金、医保补助、低保保障、特困人员救助供养标准连年提高。全区养老机构床位从 2012 年的 13.58 万张增加到 2022 年的 21.33 万张，居家社区养老服务设施从 2012 年的 614 个增加到 2022 年的 1165 个。

"政之所兴在顺民心，政之所废在逆民心"①。站在新的历史起点上，我们更要深刻理解蒙古马精神中艰苦奋斗精神的实质与内涵，坚持执政为民，牢记初心使命，凝聚各族干部和群众的力量与智慧，鼓励内蒙古各族人民振奋向前，使内蒙古地区的经济和社会不断跃上新的台阶。同时，我们要继续发扬蒙古马精神，接过艰苦奋斗的接力棒，以一往无前的奋斗姿态和永不懈怠的精神状态，勇挑重担、苦干实干，在新时代新征程中留下奋斗足迹。

（二）鲜红本色：锤炼对党忠诚品格

在漫长的历史进程中，蒙古马以其不屈不挠的勇气和坚如磐石的信念，赢得了人们的广泛尊敬和崇高敬意。同样，对于共产党人而言，对党忠诚是首要的政治品质，是我们党一路走来战胜无数艰难险阻的根本保障。

赤胆忠心是蒙古马精神的核心，它代表着一种坚定不移、忠诚可靠的品质。对于共产党人来说，对党忠诚正是这种精神的体现。自党成立之日起，面对重重挑战和考验，正是无数党员的赤胆忠心，构筑了我们党坚不可摧的力量源泉。这种忠诚不仅是对党的信念和宗旨的坚守，也是推动我们党不

---

① 出自《管子·牧民》。转引自人民日报评论部：《习近平用典》第一辑，人民日报出版社 2018 年版，第 9—10 页。

断前进、战胜一切艰难险阻的强大动力。习近平总书记强调："我们党一路走来，经历了无数艰险和磨难，但任何困难都没有压垮我们，任何敌人都没能打倒我们，靠的就是千千万万党员的忠诚。"对党忠诚，就是要把人民放在心中最高的位置，始终牢记党的宗旨，全心全意为人民服务。

在新时代，我们要将赤胆忠心的品质融入党员干部的工作和生活中。广大党员干部要时刻牢记入党誓词，增强"四个意识"、坚定"四个自信"、做到"两个维护"，始终保持对党忠诚的政治本色。同时，我们还要深刻认识到"两个确立"的重要性，即确立习近平同志党中央的核心、全党的核心地位，确立习近平新时代中国特色社会主义思想的指导地位。"两个确立"是党在新时代的重大政治成果，为党的事业发展提供了根本保证。在推进党建工作时，要充分发挥蒙古马精神的引领作用。通过加强党员干部的思想政治教育，引导党员干部深入学习党的历史、党的理论和党的路线方针政策，增强党性修养和政治觉悟。同时，还要注重培养党员干部的实践能力，在实际工作中锤炼党性、增长才干、服务人民。

（三）坚强核心：发挥统领全局优势

蒙古马精神是北疆文化中最具活力的核心内容，它源自对自然的深刻理解和尊重，体现了一种不屈不挠、勇往直前的民族气魄。蒙古马精神展现了面对困难时的坚韧不拔和在逆境中奋不顾身的勇气。它不仅是内蒙古各族人民共同奋斗的精神支柱，而且在中国共产党的坚强领导下，成为推动全国各族人民争取民族解放、实现民族独立，促进经济社会发展和变革的不竭动力。

早在中国共产党成立之初，一批在北京学习的内蒙古知识青年就接受和学习了中国共产党早期宣传教育，被培养为内蒙古地区早期共产党人。这批早期共产党人将先进的革命理论与内蒙古的实际情况紧密结合，引领各族人民为了争取民族解放和社会进步团结一致，不懈奋斗。在中国共产党的坚强领导下，内蒙古各族人民从完成社会主义改造到进行社会主义建设，再到改革开放以来内蒙古经济社会发生翻天覆地的变化，直到新时代新征程，攻坚克难，取得一个又一个辉煌成就，用实际行动充分展现了团结奋斗、勇往直前的蒙古马精神。蒙古马精神不仅是内蒙古各族人民团结奋斗、战胜一切艰难险阻的力量源泉，也是中华民族坚定的信念力量。我们党诞生于国家内忧外患、民族危难之时，团结带领人民群众战胜一个又一个困难，闯过一道又一道难关，自然灾害没有摧垮我们，经济困难没有难住我们，风险挑战没有征服我们，根本原因就在于我们始终坚持党的集中统一领导。党的领导是战胜一切困难风险的定海神针，是中国特色社会主义制度的最大优势。

内蒙古自治区是在中共中央直接领导下建立的。习近平总书记深刻指出："中国共产党的领导是民族工作成功的根本保证，也是各民族大团结的根本保证。没有坚强有力的政治领导，一个多民族国家要实现团结统一是不可想象的。"回顾内蒙古历史，在当时复杂的形势下，如果没有中国共产党的直接领导、正确领导，就没有内蒙古自治区的建立。自治区成立前夕，内蒙古地区的形势极为复杂，就当时的情况来看，内蒙古确实走到了历史的十字路口。在决定前途命运的关键时刻，面对纷繁复杂的局面，中国共产党直接领导了内蒙古自治运动。内蒙古自治区在当时的历史条件下之所以能够成立，是因为在领导内蒙古自治运动过程中，党中央适时制定指导方针，有效指挥军事行动，牢牢把握对内蒙古地区自治运动的领导权和主动权。如今，内蒙古"五一会址"、集宁战役纪念馆中陈列着当年党中央发出的指示，珍藏着毛泽东、周恩来等领导同志起草的电报、信件，这些都是我们党直接领导内蒙古自治区成立的历史见证。

进入新时代，我们已经取得全面建成小康社会的伟大成就，消除了绝对贫困，使亿万人民的生活水平得到了显著提高。这是中国共产党和中国人民共同努力的结果，也是中国特色社会主义制度的伟大优势。蒙古马精神不断激励着内蒙古各族人民在新时代的征途上不畏艰难、持续奋斗，无论是在推动地区经济的转型升级、促进社会文明的进步，还是在维护民族团结和边疆稳固上，这种精神都显得尤为宝贵。坚持中国共产党的领导是实现中华民族伟大复兴的根本保证。只有通过深化对蒙古马精神的理解和实践，不断坚定民族共识和国家认同，我们才能为实现中华民族伟大复兴凝聚起强大精神力量。只有始终坚持党对一切工作的领导，才能实现全党全社会思想上的统一、政治上的团结、行动上的一致，才能进一步增强党的创造力、凝聚力、战斗力。

蒙古马精神是我们党团结带领内蒙古各族人民不懈奋斗的生动体现。在党的引领下，我们如同乘风破浪的帆船，即使面对波涛汹涌的挑战，也能保持坚定的方向，不断前进。党旗飘扬风帆劲，砥砺奋进启新程。正是在中国共产党的坚强领导下，我们才能在历史的洪流中准确捕捉时代的脉搏，倾听时代的声音，回应时代的呼唤，在实践创新和理论创新良性互动中发展当代中国马克思主义，不断增强社会主义意识形态的凝聚力和引领力，树立起引领时代前进的伟大旗帜。

（四）接续奋斗：秉持自我革命传统

蒙古马以其卓越的耐力而著称，擅长长途跋涉，能够适应各种恶劣环境，展现出非凡的生存能力。它们能在极端条件下觅食，甚至在冰天雪地中破冰而食，展现出极强的适应性和生命力。蒙古马还能在站立中休息，迅速恢复体力。蒙古马精神中坚韧不拔、永不懈怠的精神特质，与中华民族的自我革新和接续奋斗的传统一脉相承。

党的自我革命是我们党跳出治乱兴衰历史周期率的第二个答案。习近平总书记强调，"我们必须坚持真理、修正错误，始终顺乎潮流、顺应民心，发扬经验、吸取教训，在世界形势深刻变化的历史进程中始终走在时代前列、朝着正确方向前进。"全面从严治党是新时代党的建设新的伟大工程中一场深刻的自我革命，是一场攻坚战，也是持久战。党的十八大以来，以习近平同志为核心的党中央坚持集中统一领导和以上率下垂范，紧紧盯住全面从严治党不力这个症结，坚持发扬我们党历史上行之有效的好经验好做法，深化对管党治党规律的认识，创造新的经验，全面从严治党成效显著。在肯定成绩的同时，我们也要清醒认识到反腐败的斗争形势依然严峻复杂，全面从严治党依然任重道远。深入推进全面从严治党，必须以永远在路上的坚韧和执着，以永不懈怠的决心和意志，将党风廉政建设和反腐败斗争进行到底。深入推进全面从严治党，要以习近平新时代中国特色社会主义思想为指导，全面贯彻落实党的重大战略部署，不忘初心、牢记使命，增强"四个意识"，坚定"四个自信"，紧紧围绕维护以习近平同志为核心的党中央权威和集中统一领导，全面推进党的政治建设、思想建设、组织建设、作风建设、纪律建设、制度建设，深入推进反腐败斗争，在坚持中深化、在深化中发展，实现党内政治生态根本好转，不断增强各级党组织的创造力、凝聚力、战斗力，加强党的领导，为新时代全面振兴发展提供坚强保证。

习近平总书记在党的二十大报告中深刻指出，"全面建设社会主义现代化国家、全面推进中华民族伟大复兴，关键在党"；强调"全面从严治党永远在路上，党的自我革命永远在路上"，要求"全面推进党的自我净化、自我完善、自我革新、自我提高"，"以党的自我革命引领社会革命"。习近平总书记关于党的自我革命的重要思想，凝结着我们党认识自身、改造自身的宝贵经验和重大成果，充分彰显了我们党始终保持解决大党独有难题的清醒和坚定。要努力把党的创新理论转化为指导实践、推进工作的强大奋进力量，以永远在路上的坚定和执着把党的伟大自我革命进行到底。

蒙古马精神是立足于自我革命、推动发展的精神。"物竞天择，适者生存"是自然界永恒的规律。没有舒适的马厩，没有精细的饲料，但正是这样的环境，锻造了蒙古马强健的体魄和不屈的意志。它们能抵御西伯利亚暴雪，能扬蹄踢碎狐狼的脑袋。蒙古马之所以能在恶劣的自然条件下生存和繁衍，依靠的是它们对环境的主动适应能力和不断的自我净化。无论是立足于大局，还是着眼于自身建设，都需要具备蒙古马这种自我革命、主动进化的精神品质。时刻牢记习近平总书记的嘱托，登高望远，跳出当地、跳出自然条件限制，拿出壮士断腕的决心，探索提质增效的新路子，正是践行蒙古马精神的具体实践和体现。站在新的历史起点上，内蒙古广大党员干部要领会蒙古马精神的时代内涵，继续保持永不懈怠的精神状态和一往无前的奋斗姿态，坚定不移地继续深入推进全面从严治党，不断提高党的长期执政能力和全面领导水平，不断提高党的建设质量，把党建设得更加坚强有力，为伟大斗争、伟大事业和最终实现伟大梦想提供根本保证。

（五）善作善成：发扬伟大斗争精神

蒙古马精神铸就了草原上一幕幕壮丽激昂的英雄传奇。正是在蒙古马精神的激励下，内蒙古各族人民守望相助、团结奋斗、攻坚克难，发扬斗争精神，赢得了一场又一场胜利。

在革命战争的艰难岁月里，为了赢得民族独立和人民解放，无数北疆儿女英勇奋斗，不惜献出了自己宝贵的生命，为伟大的革命事业作出了不可磨灭的贡献。在他们的身上，我们看到了永不泯灭的蒙古马精神，它为内蒙古的革命斗争积攒了力量、凝聚了人心。在社会主义革命和建设时期，更是涌现出了一大批献身边疆、为建设美好家园默默耕耘的普通民众。改革开放以来，蒙古马精神与以改革创新为核心的时代精神紧密结合，成为推动内蒙古发展的精神力量。

发扬伟大奋斗精神。弘扬蒙古马精神的落脚点是实干、苦干和奋斗。习近平总书记强调："一切伟大成就都是接续奋斗的结果，一切伟大事业都需要在继往开来中推进。"伟大奋斗精神是中华民族最宝贵的精神财富，是中华民族自强不息、艰苦奋斗精神的延续与升华。面对新时代新挑战，广大党员干部要坚持发扬奋斗精神、实干精神、钉钉子精神，抓紧每一天，干好每件事，一步步向目标靠近。在奋斗中提升能力，在实干中增强本领，把工作抓得更准、更深、更实，在自己的岗位上干出一番事业、作出一番成绩。

时代的发展迫切要求我们勇于担当、积极作为。在全面建设社会主义现代化国家的新征程上，必然会有艰巨繁重的任务，必然会有艰难险阻甚至惊涛骇浪。习近平总书记指出："担当和斗争是一种责任，敢于负责才叫真担当、真斗争。"全国各族人民要始终牢记"空谈误国、实干兴邦"，胸怀"国之大者"，用担当和尽责展现时代风采，既实现自己的青春梦、人生梦，更用责任担当汇聚起全面建设社会主义现代化国家的磅礴力量。新时代是奋斗者的时代，要坚持学思践悟，知行合一，明确历史使命和责任担当。要始终保持干事的激情，对标新时代新发展阶段经济社会高质量发展和人民群众新的更高要求，把责任感、使命感作为干好工作的动力，促进工作提质增效。要始终保持学习提升的向上态度，把学习活动落实在具体行动中，要始终保持敢于迎难而上的勇气，在思考创新中攻坚克难，在狠抓落实中发展奋进。要提高思想认识。思想决定心态，心态决定行动，行动决定结果。共产主义远大理想和中国特色社会主义共同理想是中国共产党人的精神支柱和政治灵魂，是保持党的团结统一的思想基础，在思想上行动上必须与党中央保持高度的一致。要牢固树立群众观点，心里装着群众，一切依靠群众，一切为了群众，真正把立党为公、执政为民的要求具体深入地落实到各项实际工作中去。要强化责任意识，以党和人民的利益为重，做到心中有方向，肩上有道义，始终有责任，把敢于担当、干净干事作为自觉追求。同时必须加强理论学习，提升理论素养。树立学习就是素质的理念，坚持不懈地学习政治理论，积极主动参与业务工作，提升工作能力。

蒙古马精神鼓舞着内蒙古各族人民自强不息、奋勇向前。在中华民族伟大复兴的历史进程中，全国各族人民都应积极贡献自己的力量，共同肩负起推动国家发展的重要使命。面对新时代的挑战和机遇，内蒙古各族人民应增强责任感和紧迫感，保持锐意进取的姿态，抓住机遇、攻坚克难、勇于担当，在推动中国式现代化的伟大实践中贡献更大的力量，共同书写中华民族发展史上的崭新篇章。

参考文献

［1］习近平.习近平谈治国理政［M］.北京：外文出版社，2014.

［2］习近平.习近平谈治国理政：第二卷［M］.北京：外文出版社，2017.

［3］习近平.习近平谈治国理政：第三卷［M］.北京：外文出版社，2020.

［4］习近平.习近平谈治国理政：第四卷［M］.北京：外文出版社，2022.

［5］习近平著作选读：第一卷［M］.北京：人民出版社，2023.

［6］习近平著作选读：第二卷［M］.北京：人民出版社，2023.

［7］中共中央宣传部.习近平总书记系列重要讲话读本［M］.北京：学习出版社、人民出版社，2016.

［8］中共中央文献研究室.十八大以来重要文献选编：

上［M］.北京：中央文献出版社，2014.

［9］中共中央文献研究室.十八大以来重要文献选编：
中［M］.北京：中央文献出版社，2016.

［10］中共中央文献研究室.习近平关于社会主义生态文明建
设论述摘编［M］.北京：中央文献出版社，2017.

［11］中共内蒙古自治区委员会党史和文献研究室.中国共产
党内蒙古历史：第一卷（1921—1949）［M］.北京：
中共党史出版社，2021.

［12］中共中央党史和文献研究院，中央"不忘初心、牢记
使命"主题教育领导小组办公室.习近平关于"不忘
初心、牢记使命"论述摘编［M］.党建读物出版社、
中央文献出版社，2019.

［13］中共中央文献研究室.习近平关于实现中华民族伟大复
兴的中国梦论述摘编［M］.北京：中央文献出版社，
2013.

［14］国家民族事务委员会.中央民族工作会议精神学习辅
导读本［M］.北京：民族出版社，2015.

［15］［瑞典］多桑.多桑蒙古史：上［M］.冯承钧，译.北
京：东方出版社，2013.

［16］［南宋］赵珙，蒙鞑备录［M］.王国维，笺.上海：

上海古籍书店，1983.

［17］［英］道森.出使蒙古记［M］.吕浦，译.周良霄，注.北京：中国社会科学出版社，1983.

［18］［伊朗］志费尼.世思征服者史：上册［M］.何高济，译.翁独健，校订.呼和浩特：内蒙古人民出版社，1980.

［19］裴聚斌，于宗宽，郭浩东，郭识宇.内蒙古好故事：弘扬蒙古马精神先进人物事迹［M］.呼和浩特：远方出版社，2019.

［20］荣苏赫，赵永铣.蒙古族文学史：第二卷［M］.呼和浩特：内蒙古人民出版社，2000.

［21］黄淑洁.马文化［M］.呼和浩特：内蒙古人民出版社，2019.

［22］傅锁根，孙大为.蒙古马精神——吃苦耐劳 一往无前［M］.呼和浩特：内蒙古人民出版社，2019.

［23］傅锁根.蒙古马精神［M］.呼和浩特：内蒙古人民出版社，2019.

［24］特•那木吉拉苏荣.马［M］.呼和浩特：内蒙古人民出版社，2015.

［25］芒来.走近蒙古马［M］.呼和浩特：内蒙古大学出版社，

2019.

[26] 芒来.草原天骄——蒙古马研究的理论自觉与实践探索 [M].呼和浩特：内蒙古人民出版社，2012.

[27]［英］詹姆斯·奥尔德里奇.奇异的蒙古马 [M].夏征瑞，韦东晨，译.呼和浩特：内蒙古人民出版社，1981.

[28] 陈新丽.论内蒙古十大文化符号的地区文化特色 [J].前沿，2015（11）.

[29] 芒来，路冠军，阿娜尔."蒙古马精神"光照祖国北疆亮丽风景线 [J].内蒙古农业大学学报：社会科学版，2015，17（3）.

[30] 路冠军."蒙古马精神"的生态文化阐释 [J].前沿，2015（5）.

[31] 姚全福，赵一萍，芒来.拯救濒危的蒙古马——蒙古马的保种和利用 [J].黑龙江畜牧兽医，2010（15）.

[32] 芒来.蒙古族马文化与马产业发展之我见 [J].内蒙古农业大学学报：社会科学版，2008（4）.

[33] 张越.《江格尔》中的马与蒙古马文化 [J].西部蒙古论坛，2008（2）.

[34] 杨·巴雅尔，王静安.蒙古人与蒙古马 [J].人与

生物圈，2007（2）．

［35］笑影．蒙古骏马［J］．华夏人文地理，2004（10）．

［36］李永年．蒙古马源流考述［J］．黑龙江民族丛刊，
1998（4）．

［37］纳古单夫．蒙古马与古代蒙古骑兵作战艺术［J］．内
蒙古社会科学：文史哲版，1994（4）．

［38］托雅．蒙古马及其文化［J］．社会科学辑刊，1994（4）．

［39］陈永国．试论马在古代蒙古社会中的地位和作
用［J］．黑龙江民族丛刊，2013（2）．

［40］巴依斯古楞．文化传承中的"蒙古马精神"［J］．实
践：思想理论版，2019（6）．

［41］王璇．内蒙古要着力培育和弘扬"蒙古马精神"［J］．
黑龙江民族丛刊，2016（5）．

［42］王秋军，马福军，董俊玲．从三趾马到蒙古马［J］．
大自然，2014（5）．

［43］内蒙古社会科学院草原文化研究课题组，范燕波．论弘
扬"蒙古马精神"［J］．实践：思想理论版，2014（8）．

［44］王海荣．论草原文学中的蒙古马精神——马的物性和灵
性［J］．内蒙古社会科学，2021（1）．

［45］王海荣，澈力木格，塔娜．蒙古马精神与草原文化核心

理念的新境界研究［J］.地方文化研究，2020（4）.

[46] 芒来.什么是蒙古马精神？［J］.实践：思想理论版，
2020（5）.

[47] 宋启超.弘扬蒙古马精神的时代价值［J］.实践：思想
理论版，2020（5）.

[48] 本刊评论员.在大战大考中践行蒙古马精神［J］.
实践：思想理论版，2020（5）.

[49] 杨群，张积家.马对蒙古族人性格的影响——兼论动物
对民族性格的塑造作用［J］.贵阳学院学报：社会科
学版，2019（5）.

[50] 王其格.蒙古马与草原文明的兴盛［J］.实践：思想
理论版，2019（10）.

[51] 王绍东.蒙古马与草原民族的精神塑造［J］.实践：思
想理论版，2019（10）.

[52] 路冠军.蒙古马精神与社会主义核心价值观的融通[J].
实践：思想理论版，2019（10）.

[53] 其乐木格.蒙古马精神的时代价值［J］.实践：思想理
论版，2019（10）.

[54] 乌兰.弘扬草原文化 增强内蒙古文化软实力［J］.
实践：思想理论版，2012（7）.

［55］丁龙召 . 守望相助 民族工作指导思想的新概括新诠释［J］. 内蒙古宣传思想文化工作，2014（3）.

［56］许星杰，张时空，丁龙召 . 守望相助：我国民族工作的重要指导思想［J］. 实践：思想理论版，2014（9）.

［57］蔡常青 . 守望相助 示范前行——内蒙古改革开放40年民族团结进步的基本经验［J］. 理论研究，2018（6）.

［58］常安 . 习近平中华民族共同体建设思想研究［J］. 马克思主义研究，2018（1）.

［59］黄莹 . 践行草原文化核心理念 推动文化强区建设［J］. 内蒙古宣传思想文化工作，2018（8）.

［60］侯彩虹 . 蒙古马精神的传承与践行［N］. 内蒙古日报，2019-05-09.

［61］邰国英，朱檬 . 弘扬蒙古马精神 建设祖国北疆亮丽风景线［N］. 中国民族报，2020-03-10.

［62］孙书敏 .《蒙古铁蹄马》：蒙古族马文化符号的故事阐释［N］. 内蒙古日报，2019-10-18.

［63］马戎 . 中华民族是守望相助的大家庭［N］. 人民日报，2018-05-23.

［64］守望相助促团结 同心逐梦再出发［N］. 内蒙古日报，2018-03-10.

［65］长河．蒙古人和蒙古马的情感世界［N］．内蒙古日报，2019-08-22．

［66］施佳丽．绿水绕北疆 铁肩护安宁——内蒙古奋力建设"两个屏障"纪实［N］．内蒙古日报．2019-01-26．

［67］内蒙古社会科学院课题组．草原文化在世界文明史上的地位和作用——论人类命运共同体与草原文化创新发展［N］．内蒙古日报，2018-08-10．

后　记

　　本书由内蒙古自治区文史研究馆副馆长陈智，内蒙古大学马克思主义学院孙大为教授、李治国副教授、魏月副教授、宋春霞博士，中共和林格尔县委党校王禹老师共同编写完成。其中，基本思想、总体框架和最终定稿由陈智负责，孙大为、王禹负责通稿修改，宋春霞负责文字校勘，杨涛参与了最初的讨论和资料搜集工作。具体分工如下：

　　陈智负责"前言"的编写工作，孙大为、王禹负责第一章、第三章第三节的编写工作，宋春霞负责第二章、第三章第一节的编写工作，李治国、孙大为、王禹负责第四章、第三章第二节的编写工作，魏月、王禹负责第五章的编写工作。

　　内蒙古人民出版社王静、孙红梅、刘那日苏负责本书的编辑、排版工作。

编写过程中吸收了同行的研究成果，在此作出说明并表示感谢！

　　在本书即将付梓之际，特别要感谢内蒙古自治区党委宣传部的信任和大力支持！本书必然存在一些不尽如人意之处，但此类遗憾多半是水平所限，而非态度和学风所致，唯愿我们的努力能获得读者的认可。

陈智

2023 年 6 月